康熙敕建廣仁寺

KANGXI CHIJIAN GUANGRENSI

康熙

陈景富 编著

陕西新华出版传媒集团
陕西人民出版社

图书在版编目（CIP）数据

康熙敕建广仁寺 / 陈景富编著 . -- 西安 : 陕西人民出版社 , 2018
ISBN 978-7-224-12802-4

Ⅰ . ①康… Ⅱ . ①陈… Ⅲ . ①佛教—寺庙—史料—西安—清代 Ⅳ . ① B947.231.1

中国版本图书馆 CIP 数据核字 (2018) 第 140272 号

康熙敕建广仁寺

编　　著：陈景富
出版发行：陕西新华出版传媒集团　陕西人民出版社
（西安北大街 147 号　邮编 710003）
印　　刷：陕西龙山海天艺术印务有限公司
开　　本：787mm × 1092mm　1/16
印　　张：15.5
字　　数：150 千字
版　　次：2019 年 1 月第一版
2019 年 1 月第一次印刷
书　　号：ISBN 978-7-224-12802-4
定　　价：48.00 元

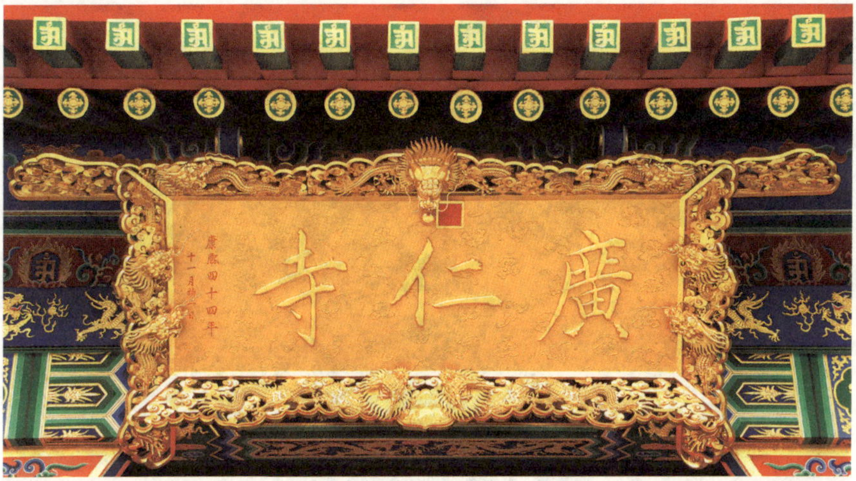

康熙题匾“广仁寺”

康熙题匾“慈云西荫”

佛祖十二岁等身像

宗喀巴大师师徒三尊

转经廊

慈禧题匾“法相庄严”

从西安明城墙上俯瞰广仁寺

从西安明城墙上俯瞰广仁寺

广仁寺内景

广仁寺内景

燃灯节活动

燃灯节活动

长安绿度母

度母殿

关符清达喇嘛

龚森建达喇嘛

仁钦扎木苏上师

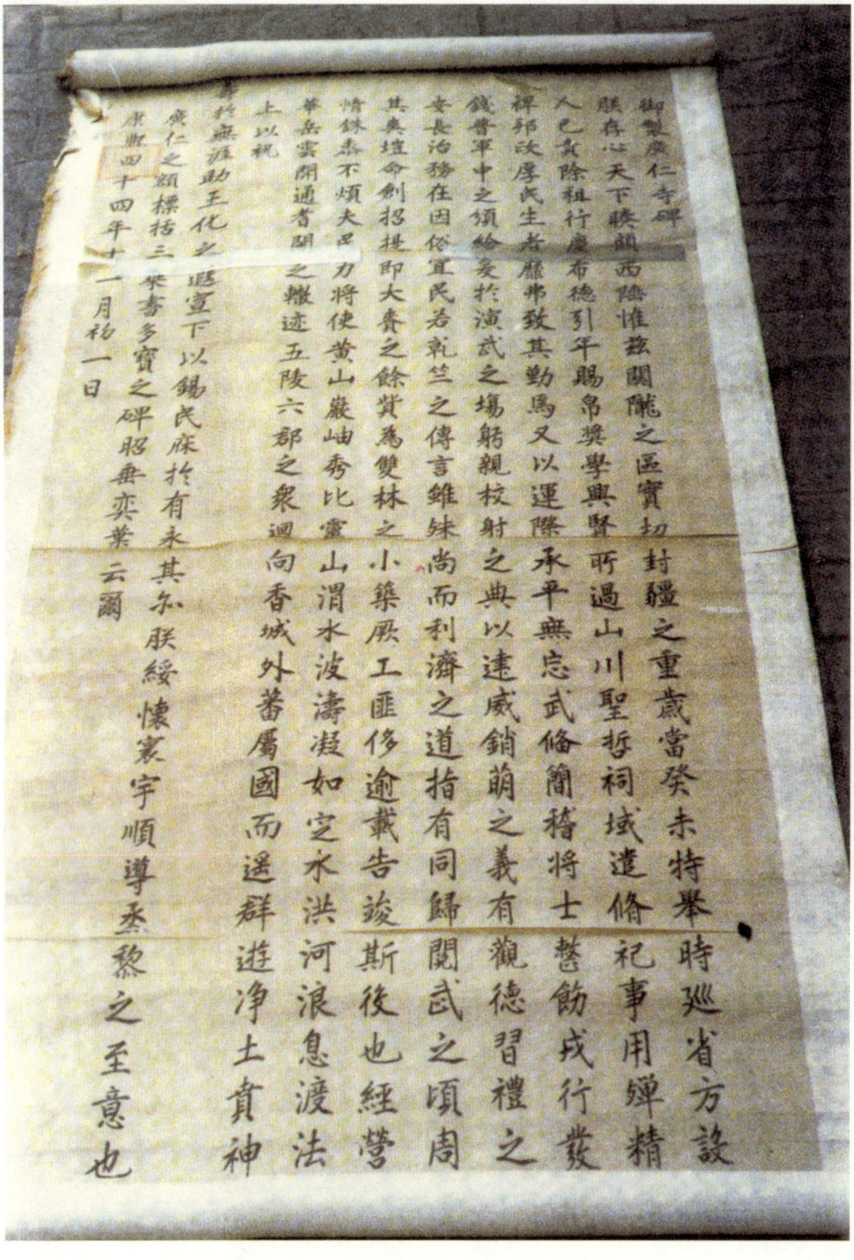

康熙皇帝《御制广仁寺碑》碑文真迹

寺藏明版龙藏《大藏经》

序 言

中国佛教包括汉传佛教、藏传佛教和南传佛教，而以汉传佛教传播最广，信众最多。

佛教之传入中国，传统的说法是以东汉明帝永平十年（67）竺法兰、摄摩腾白马负经至洛阳为嚆矢。而据《三国志》引《魏略·西戎传》所说，则以西汉哀帝元寿元年（前2）月氏使者向汉博士秦景宪口授浮屠经启其端。本世纪初年，中国佛教协会将后者所载定为印度佛教首传中国的年份，这比传统的说法提前了半个多世纪，首传地点也由洛阳变成了长安。

自西晋代敦煌菩萨竺法护在长安青门外大寺大开译席，特别是前秦的“漆道人”释道安应国主苻坚的邀请前来长安译经、注疏，后秦龟兹高僧鸠摩罗什在长安组织逍遥园——草堂寺译经场，长安不仅成了中国佛教的弘传中心，而且也成为大乘佛教在中国大发展的起跑点。

至隋唐时期，中国佛教发展至高峰，其中又以玄奘大师译经为标志，中国佛教发展达到了高峰之巅；也就在此一时期，中国佛教宗派渐次形成，传统的说法是共分八派，如果连三阶教也算在内，则共有九派，即三阶教、天台宗、三论宗、净土宗、唯识宗（也称法相宗、慈恩宗）、华严宗、律宗、禅宗、密宗。其中，除天台宗、禅宗以外，其余七宗的祖庭都在帝都长安。天台宗和禅宗的祖庭虽然不在长安，但其创宗立说所依据的经典如《法华经》《妙法莲华经》《金刚经》《般若波罗蜜多心经》《禅秘要法经》《坐禅三昧经》《禅法要解》等，都译出于长安，由是知此二宗之“根”亦在长安。而且，在禅宗顿悟禅产生之前，长安禅法的弘扬也颇为有声有色，盛况并不亚于其他地方，其大本营就是隋文帝和隋炀帝先后建立的总持寺和大总持寺。如果将中国佛教分为义学与禅学两大法门，长安便是义学的主阵地，仅从宗派祖庭的分布和宗派根本经典翻译的情况就可以充分说明这一点。除此之外，唐京师长安三辅之右扶风法门寺阿育王塔还瘗藏、供奉着释迦牟尼真身指骨舍利，是佛教弘传中心由印度东移至中国的重要标志，其地位相当于印度释迦牟尼成道处之摩诃菩提僧伽蓝——大觉寺。因此，完全可以这样下个结论：长安佛教，也就是长安作为帝都时期的佛教，就相当于半部中国佛教史。离开长安佛教，中国佛教史就无从编写，至少是反映不出佛教在中国传播发展的真面目。到了明清两代，藏传佛教传入陕西，特别是康熙西巡时，下敕用公帑在西安兴建广仁寺，格鲁派学说给原来的长安佛教增添了新的血液。这样，从三个不同方向传入中国的佛教，便有两系在西安安家落户。广仁寺虽不是“祖庭”，但由于是康熙皇帝从抚定西北、西南边疆战略全局出发而下敕兴建的寺院，说它是国寺也不为过。从寺院建立之日始，这朵盛开在祖国内地的青藏高原雪莲花，已经事关国家边境安全并成为维系各民族友好关系、增进民族团结的纽带，其重要性不言而喻。

基于长安佛教的重要性，它于1986年被列为国家“七五规划”重点研究项目，撰写、出版一套以宗派祖庭及重要寺院为内容的“长安佛教研究丛书”，其中包括：三论宗祖庭《草堂寺》、净土宗祖庭《香积寺》、律宗祖庭《净业寺》、唯识宗祖庭《大慈恩寺》、华严宗祖庭（传统说法）《华严寺》、释迦牟尼真身指骨舍利供奉地《法门寺》、密宗祖庭《大兴善寺》及密宗重要道场《荐福寺》和《青龙寺》、藏传佛教格鲁派重要道场《广仁寺》，共十册。本书作者的任务是撰写《香积寺》《草堂寺》《法门寺》和《广仁寺》。后来又应寺院之约，主编了《大慈恩寺志》《密宗祖庭与大兴善寺》和《兴教寺玄奘灵塔耀古今》，此外还写了一篇《为华严宗祖庭正名》的论文，论证华严宗祖庭实为终南山天子峪的至相寺，而不是少陵原上的华严寺。华严寺其实只是本宗初祖杜顺和尚和四祖澄观法师的塔庙。

“长安佛教研究丛书”虽然是各自独立的史志类编著，但它组成一个整体，却是窥探整个长安佛教的一个总窗口，从中不仅可以了解各个寺院的创立及历史沿革、寺院弘法内容、历代住寺高僧大德、住持及其与政治的关系、寺院所属宗派及具体弘法情况、寺院经济、轶事及文物（特别是历代碑刻）等等。总而言之，了解了以上寺院的历史，也就基本上把握了长安佛教发展变化的脉络。

《广仁寺》作为“长安佛教研究丛书”的一种，由于经费原因，只于2003年出版过“内部发行”本，至今已过去14年。14年的时间在历史的长河中不算很长，但广仁寺却在此间发生了巨变，原来编写的《广仁寺》已不足以反映当今的真实面貌，此其一。又，当年在编写《广仁寺》时，有些资料还未清理出来，有些问题则被忽略了，如果不加以补充、修订，无疑是个缺陷，此其二。正是出于这两个原因，将原来的《广仁寺》重新编写，或者说进行大幅度的改编、补充、修订就显得很有必要了。

所谓的改编，指的是重新编排、调整章节。所做的增补、修订，重要内容包括：1. 寺院在辛亥革命期间所遭受的破坏及修复情况；2. 2004 年寺管会成立后所进行的大规模彩绘、庄严、增建及管理规章制度的建立完善；3. 藏传佛教在其发展演变过程中，蒙古民族所起的推动作用等。通过改编、增补、修订，可以凸显出广仁寺建成之后几次重创、复兴状况，以及在民族团结、维护边疆安全上的影响和作用。应当特别强调的是，2004 年以来，在住持、寺管会主任仁钦扎木苏上师主持下所进行的工作，使广仁寺实现了又一次大复兴，使之成为名副其实的汉地盛开的雪莲，精彩、鲜明、突出地反映出藏传佛教格鲁派的特色、特点，在丰富长安佛教、陕西佛教内容的同时，也使广仁寺成了西安市的一处魅力无比的旅游胜地。

广仁寺是康熙皇帝从战略高度着眼而敕建的佛寺，是藏传佛教领袖达赖、班禅和西部蒙古活佛进京途中的行宫、驻地，为了突出这处福地此一显著特点，故将改编后的这本书更名为《康熙敕建广仁寺》正式出版，谨此志之。

诚挚感谢广仁寺寺管会为编写本书提供丰富的资料和图片。

作者撰于丁酉末戊戌初

目 录

第一章 历史回顾 …………………………………………………… 001
第一节 吐蕃立国…………………………………………………… 001
第二节 吐蕃民族与内地王朝的友好交往……………………… 007
（一）和亲佳话 ……………………………………………… 008
（二）盟誓旦旦 ……………………………………………… 020
（三）茶马互市 ……………………………………………… 023

第二章 佛教传入西藏及其发展演变 ………………………… 028
第一节 吐蕃佛教…………………………………………………… 029
第二节 藏传佛教及其派别……………………………………… 033
第三节 蒙古族对藏传佛教传播、发展的推动作用…… 040

第三章 藏传佛教传入陕西 …………………………………… 047

第四章 清代康熙皇帝西巡与敕建广仁寺 ………………… 053
第一节 清初西北西南蒙藏地区的形势………………………… 053

第二节　清圣祖西巡及在陕的活动……………………057
（一）祭祀山川、皇陵等 ……………………………057
（二）奖学兴贤 ………………………………………057
（三）优抚赈灾 ………………………………………058
（四）简稽将士，整饬戎行，奖励军功 ……………058
（五）接见并封赐青海等地诸部蒙古首领 …………060
第三节　敕建广仁寺……………………………………063
第四节　双林小筑——初落成之广仁寺………………068
第五节　广仁寺别院——胜严禅院……………………071
附录一：《胜严寺并入广仁寺管理记》 ……………075
附录二：竺法护传记及多种“经录”所载竺法
护译经目录 ………………………………………077

第五章　广仁寺的法脉源头 …………………………134
第一节　宗喀巴与格鲁派的创立………………………134

第二节　广仁寺对格鲁派的继承和弘扬…………………… 139
第三节　节日与法会………………………………………… 143
（一）忌辰五供节（燃灯节）…………………………… 143
（二）时轮金刚法会 ……………………………………… 143

第六章　广仁寺之沿革变迁 ………………………………… 146
第一节　第一次复兴——“辛亥之厄”与
寺宇修复 …………………………………………… 146
第二节　20 世纪前期的广仁寺 ………………………… 152
第三节　第二次复兴——20 世纪 50 年代
广仁寺的兴建 ……………………………………… 153
第四节　20 世纪后半叶的罹难与修复 ………………… 155
第五节　第三次复兴——新时期汉地盛开的雪莲……… 159
（一）寺宇彩绘、庄严和增建 …………………………… 161
（二）寺院管理制度的建立 ……………………………… 175

（三）诵经习法不放松，弘法教化抓根本 …………… 177
（四）以身作则，做民族团结的带头人 ………………… 179
（五）兴办慈善事业 …………………………………… 188
（六）开展环保、生态活动 …………………………… 190
（七）国际交流，增进友谊 …………………………… 192
第六节 广仁寺的僧职、历任住持和达喇嘛………… 193

第七章 广仁寺的地产及经济生活 …………………… 199

第八章 广仁寺轶事、法宝与文物 ……………………… 202
第一节 轶事………………………………………… 202
（一）庚子西狩“佛爷”幸寺………………………… 202
（二）活佛莅临，法门荣耀 …………………………… 204
（三）“圣人”讲学 题匾结缘 ………………………… 208
第二节 法宝、文物………………………………… 211

（一）《御制广仁寺碑》碑文真迹及碑石 …………… 211
（二）寺藏大藏经 ……………………………………… 212
（三）十八罗汉照壁 …………………………………… 212
（四）唐代石雕佛莲座 ………………………………… 213
（五）清代汉白玉莲花瓮 ……………………………… 213
（六）“七珍八宝”与“十相自在” ………………… 214
（七）万年灯 …………………………………………… 215
（八）六种奇树 ………………………………………… 215
（九）六大匾额 ………………………………………… 217
（十）楠木宫灯 ………………………………………… 218
（十一）二十一度母织像 ……………………………… 218
（十二）绿度母传说 …………………………………… 220
（十三）大威德金刚 …………………………………… 220

本书编写参考书目………………………………………… 222

第一章 历史回顾

◎第一节 吐蕃立国

要谈广仁寺,必须先了解古代吐蕃族及其与中原王朝的关系。藏族，古称吐蕃。吐蕃民族由青藏高原上的远古土著居民发展而来，康藏昌都卡诺村、青海湟中孙家寨等地都发现有新石器时代古人类文化的遗存。北来之古羌人仅是藏族先民的一支。藏族民间则传说，吐蕃民族由猕猴转变而成。

传说猕猴变人之后，这些原始人类便僻居生活于雅隆河谷地区，并逐渐繁衍发展为十余个较大的部落，最初的衣树叶、食野果的生活也被原始农业所代替。吐蕃的君王称“赞普”，意为“强雄”。“天神之子”首先被当地居民推举为六牦牛部的首领，称聂墀赞普，后人指其为吐蕃王室的始祖（或说吐蕃王室的始祖为鹘堤悉补野）。自此下传七代，其王称止贡赞普。这一时期中，吐蕃社会处于“只知其母，不知其父”的母系氏族公社阶段，七位君王均取母名中之一字来命名。至止贡赞普之子补代公杰世，吐蕃社会已出现农、牧业的分工，开始金属冶炼和手工业品制造，与相邻部落通婚，尊崇领袖人物和怀念祖先。雅隆居民的信仰与香雄（今阿里地区）传来的宗教派系融会起来而开始产生吐蕃地区最初的宗教——本教。这一时期大约相当于新石器时代或金石并用时代。第30代首领达布聂塞（讵素若）定居于清哇达孜宫堡。自此至其子囊日论赞（论赞索或论赞率弄赞）时，吐蕃各地开始形成相当完整的奴隶占有制社会。这时，除雅隆政权外，还有以补哇为首领的吉曲河（即今之拉萨河）流域的政权、藏博和塔布等的政权，这些政权和雅隆政权一样，都具有了奴隶占有制的性质。这时，吐蕃社会的农、牧业生产和部落间的交换、来往都有了新的增进和发展。后来，囊日论赞和补哇的部下巴义擦结成联盟，先后驱逐和征服了其他政权，将新的占领地封赐给巴义擦等功臣和贵族。从此，雅隆部落成为最强大的政权，在吐蕃各部中起着主导的作用，其统治地域就在今雅鲁藏布江中游一带。雅隆政权的壮大，为吐蕃奴隶占有制政权的建立奠定了基础。

7世纪初，中国历史进入了新的发展阶段。在内地，李唐王朝此一强大的、统一的政权的建立，结束了中原地区300年来的分裂局面，声威日益远扬。在西藏高原上，雅隆部落的第32代首领松赞干布（汉文作弃宗弄赞、弃苏农赞）在稳定内部的基础上，先后征服、兼并了娘布、工布、塔布、香雄、苏毗等部，从而控制了整个西藏地区；青藏高原上的羊同等部亦向吐蕃称臣。接着，松赞干布在其统治区内实行了一系列重大措施，诸如建立拉萨此一吐蕃社会的政治、经济、文化中心；确定文武官秩，设论、尚，分管内外政事；加强军事设置，并直接委派、任命将帅官吏；制定刑律，保护私有财产，规定各阶层的地位和奴隶主的特权；采用历法，统一度量衡，创制文字等。通过这些措施，使吐蕃王朝此一奴隶占有制政权的统治得以确立。此外，松赞干布的另一项重要功绩则是通过和亲联姻的方式，使吐蕃王朝与唐王朝、吐蕃民族与汉民族建立了一种相依相助、和同一家的亲谊关系，为西藏最后回归祖国大家庭奠定了基础，确立了良好的开端。此后，两个王朝之间虽有兵戎相见之时，但争取和平相处、友好往来一直成为相互关系的主流。

9世纪中叶，由于吐蕃境内天灾交作，疾疫流行，社会生产遭到严重破坏，而当时的赞普达玛又沉湎于酒色，不理政事，这一切促使阶级矛盾进一步加剧，并最终导致了吐蕃王朝的崩溃和奴隶占有制的解体，吐蕃社会从此进入了分裂时期。相当于五代和宋朝时期，泾、渭、洮、湟以及甘、凉、瓜、沙等地的吐蕃旧部在摆脱奴隶制枷锁之后，在内地封建王朝的扶持之下，在与较为先进的民族诸如汉、党项、吐谷浑、突厥、回纥的长期接触和交易、往来中，使自己内部的封建因素获得了迅速的增长，其中，湟水流域的唃厮罗部，统辖洮湟一带数十万属民，是当时较大的以藏族为主体的地方封建政权之一。在吐蕃本部，当奴隶占有制瓦解之后，雅鲁藏布江流域的农民开始占有小块土地，农牧产品的交换也已相当普遍。吐蕃王室的后裔分别在拉达克、古格、桑耶、雅隆等地形成割据势力；寺庙集团和贵族残余发展成大土地占有者，经过重新组合、兼并之后，也纷纷形成割据势力。这些割据势力的特点之一便是僧俗联合，政教不分。他们相互征伐，使西藏地区陷入长期的分散、混乱状态。

蒙古兴起后，中国再次走上统一的道路，从一开始，西藏地区的部分地方首领如拉萨河谷的蔡巴、雅隆河谷的觉阿即集合各方首领遥向进抵柴达木盆地的蒙古军表示归附。成吉思汗和孙子阔端首先与当时西藏四个僧俗联合的宗派集团之一的萨迦派建立联系，表示愿意信仰佛教，延聘喇嘛。此即元代推崇喇嘛教之发端。萨迦寺主萨班·贡噶坚赞及其侄子八思巴于公元1247年前往凉州会见阔端，代表西藏各地方僧俗势力表示臣服，确定西藏为蒙古的属地，萨迦派从而取得了对西藏的统治地位。从此，蒙古王室通过阔端委派萨迦和其他官员来共同管理西藏，征收贡赋，而各地方官则凡事都应遵照萨迦及持有金字诏书的官员的命令。这是西藏地方向蒙古统治者确定臣属关系的开始。后来，忽必烈奉八思巴为尚师，称帝后，又创立总制院（后改为宣政院），封八思巴为国师加以兼领。宣政院成了元廷管理全国佛教事务和藏族军政、宗教事务的最高机构。宣政院之下，元朝又将藏族地区分为三大军政区划，设官分治，这就是管辖西北藏区的吐蕃等处宣慰使司都元帅府、管辖西南藏区的吐蕃等路宣慰使司都元帅府和管辖卫、藏、阿里藏区的乌思藏纳里速古鲁孙等三路宣慰使司都元帅府。在西北、西南都元帅府之下，再分封原来各地方僧俗首领为宣抚使、安抚使、招讨使、万户、千户等职，在西藏地方除分封较大的僧俗首领为万户之外，又将卫藏即乌思藏的13万户划归萨迦统率，隶属于另一都元帅府管制。由此可见，包括西藏在内整个藏族地区这时已经完全处于元朝政权管辖范围之内，因而也就成了中国神圣领土不可分割的一个组成部分。

明代不仅基本上沿袭元代的制度，且进一步把藏族官职纳入地方系统的体制内，原来受元廷敕封的首领及地方官百余人被召至明京，由明廷重授官职。此外，明廷又设置朵甘及乌斯藏两行都指挥使司，受河州西安行都指挥使司管辖，继又增设了从指挥使、宣慰使及万户、千户、百户等各级土职，分隶于西宁、河州、洮州、岷州、松潘等卫，责成其供应徭役，按期朝贡等。一套更加完整的土司制度被确立起来。与元廷大为不同的是，明廷不仅推崇萨迦派，而且推崇其他各喇嘛教派，如分封噶举派的哈立麻为大宝法王、萨迦派的昆泽思巴为大乘法王、格鲁派的释迦也失为大慈法王、封帕木竹巴等领有分地的政教首领为阐化王，此外还封有许多灌顶大国师、国师、禅师等。这说明藏族地区与明朝中央政府联系更加全面，关系更加密切。明朝一代，萨迦派由内部分裂而衰落，其称雄藏区的地位转到新崛起的噶举派帕木竹巴首领朗氏家族手中，百年之后再转到噶玛噶举派的仁蚌巴手中，又一个百年之后复为另一贵族辛厦巴代替。尽管产生了这些变化，但结果既未影响藏族地区与明朝中央政府的关系，也未影响到西藏走向联合的趋势。

当顺治帝尚未入关时，西藏即与之建立了关系。顺治在北京建立中央政府后八年（1652），第五世达赖喇嘛阿旺罗桑嘉措应邀来到北京，受到极为隆重的款待，赏赐之外，还专门修建一座寺庙——黄寺给他居住。还藏后，顺治帝又赐予金册金印，封五世达赖为“西天大善自在佛所领天下释教普通瓦赤喇怛喇达赖喇嘛”。此前，蒙古厄鲁特部首领固始汗从天山南北一带进占青海，继又占领西康、甘孜一带的德格、甘孜、邓柯、白玉、石渠等地。公元1641年复应四世班禅和五世达赖之密请，率兵进入西藏，尽夺噶玛政权，帮助达赖建立噶丹颇章政权，但在实际上，西藏地方完全被固始汗所控制，即所谓“遂为西藏三部之王”。所以，顺治帝在册封达赖五世的同时，也封固始汗为“遵文衍义敏慧固始汗”。自此以后，在一个相当长的时间里，西藏问题便和蒙古族问题交织在一起。1654年，固始汗死，其子丹增多吉继承汗位，称达颜汗；1668年，达颜汗死，其子丹增达赖继位，称达赖汗；1701年，达赖汗死，其子继位，名拉藏汗。此间，西藏第巴桑结嘉措及其部下不满厄鲁特蒙古的统治，前后勾结准噶尔部蒙古入藏，并终于在1717年杀拉藏汉，从而结束了厄鲁特蒙古对西藏的控制。为此，清廷曾先后于是年和1720年、1728年三次对藏用兵，镇压入藏的准噶尔部蒙古和平定西藏大农奴主之间的争权夺利的武装冲突，既稳定了西藏的形势，也确保了西北、西南边疆的安宁。1751年，清朝在授权七世达赖掌握地方政权的同时，正式建立西藏噶厦政府。1792年，清朝在协助西藏政府击退了尼泊尔廓尔喀人的入侵之后，立即制定了藏内善后章程二十九条，从政治、国防、外事、财政经济等方面做出了具体、明确规定，主旨在申明清朝中央政府对西藏拥有完全的主权，从而加强和发展了中央和地方，以及汉、藏等各族人民间的亲密关系，对国防建设、社会安定也起了很好的作用。

鸦片战争之后，帝国主义者如英国、沙俄侵略势力开始渗入或觊觎西藏，妄图达到不可告人的目的，但在中国政府和西藏人民坚定不移的抗击下，其侵占西藏，意欲将西藏从中国版图上分裂出去的阴谋始终没有得逞。

◎第二节　吐蕃民族与内地王朝的友好交往

如前所述，吐蕃王朝的历史基本上与唐王朝相始终。当吐蕃王朝兴起的时候，也正好是唐立国之时。作为大唐帝国都城的长安，作为大唐帝国统治核心地域的陕西，尤其是三秦之地，自然地与谋求和帝国缔结友好关系的吐蕃王朝有着一层特殊的关系。又由于陕西在地理形势上占有重要的地位，在唐王朝与吐蕃王朝灭亡之后，藏族人民与陕西人民仍然有着特殊的交往。反映这种特殊关系、特殊交往的一些历史事件，自古及今盛传不衰，脍炙人口，为西藏人民、陕西人民乃至全国人民引以为光荣和骄傲。

（一）和亲佳话

唐蕃和亲，前后共两次，即吐蕃王朝的创建者松赞干布娶唐太宗宗室女文成公主和墀德祖赞赞普娶唐中宗之养女金城公主。

第一次和亲初结藏汉间甥舅之谊，首开和平友好之风气，故古往今来皆为各族人民所称颂，但汉、藏历史文献关于此事的记载却颇有不同之处，简而言之，汉文记载重“实”，藏文记载则富于神话色彩。

据《旧唐书》记载，吐蕃赞普弃宗弄瓒（即松赞干布）即位后，唐太宗曾遣行人冯德遐前往抚慰。松赞干布见冯德遐，十分高兴。后闻突厥及吐谷浑皆尚娶唐公主为妻，于是遣使随冯德遐入朝，献宝求婚，未蒙应允。时为贞观八年（634），使者对王伪称乃吐谷浑居中离间使然。赞普乃联合羊同，发兵击吐谷浑，复又攻破党项、白兰诸羌，兵临松州，再次遣使贡金帛，迎公主，并对其属下说：“若大国不嫁公主与我，即当入寇。”唐太宗遣军5万击败吐蕃军，赞普惧而遣使谢罪，因复请婚。至此，太宗方许其请。贞观十五年（641），松赞干布遣其相禄东赞入朝致礼，献金5000两并宝玩数百事。太宗以文成公主妻之，令礼部尚书、江夏王道宗主婚，持节送公主于吐蕃。松赞干布率其部兵马至柏海，亲迎于河源。赞普见道宗，恭执子婿之礼，并对大唐的礼仪、服饰大表赞叹。还藏后，松赞干布自以通婚于唐为荣耀，为公主筑城邑、立栋宇，借此夸示于后代。文成公主在藏地积极变更旧俗，通过赞普去其赭面之风、改革服饰等。吐蕃王朝也开始派遣酋豪子弟入唐国学，学习《诗》《书》，请中国识文之人典其表疏等。

广仁寺供奉的文成公主像

索南坚赞（意译为福幢）所著之《西藏王统记》所记比《旧唐书》更富于神话色彩。据称，松赞干布乃观自在菩萨所化之法王，即位之后，曾祷于自在旃檀佛像之前，佛像胸前放出二缕光芒，一往西方，照见尼泊尔国王待娃拉有女名尺尊，色白而红，口出哈日旃檀香气，通达一切文字典籍，若迎娶为妻，可得薄伽梵之八岁身像及一切大乘佛法带入西藏；另一缕光射向东方，照见东夏国王唐太宗有女名文成公主，其色青而红，口出青鸟巴拉香气，通达一切文字典籍，若迎娶为妻，可将薄伽梵之十二岁身像及一切大乘佛法带入西藏。赞普因感成梦，复告于大臣噶尔，噶尔于次旦集诸大臣在扎拉内乌塘胡桃树下，讲述王之梦与愿，并征得众臣的同意，遂着手迎娶两国公主事。

尼泊尔尺尊公主被迎在先，唐文成公主被迎在后。噶尔入唐时，赞普给钱七枚，充觐王（帝）之礼；又给镶嵌着朱砂宝石之贝马惹伽甲一袭，充聘娶公主之礼；此外还给金砂一升，命其于必要时弃之。噶尔携带如此重礼，与百骑大臣于丙申年（636）四月初八胜耀之日启程，至唐神京（长安），经吉祥门径到唐太宗宫前，见城中居民竟逾数十万，每一街市足一日程，以及四大城门之类，等等，观览之余，不免心中震惊。此时，印度、格萨、大食、巴达霍尔等四国国王亦派遣大臣百骑至唐都，齐集于唐王之前，求娶公主。诸国使者觐见、贡献完毕，藏使亦请陛谒，有敕令其稍候。越七日，侍臣拥驾出宫，噶尔乘间献钱并马惹伽甲，请以帝之美女许藏王。太宗许其请，以文成公主妻其赞普。

文成公主因向唐皇请得释迦本尊像及宝仓库等为奁嫁。公主赴藏时，衣珠宝之衣，与25位美丽侍婢乘马同行，父母、大臣等相送一短程。此外又以乘舆载觉卧佛，派马、骡、骆驼队运送珠宝、绫罗、衣服、物饰及临时所需物品，还有芜菁种子等。和亲队伍至丹马岩，将慈氏七肘之像及《普贤行愿品》经刻于岩上，费时达一月。继而进至彭保山，开山筑路，猎兽取乳。抵康区之北马乡，垦地种田，安置水磨，停二月。更抵郭东门，唐之守护神设障阻滞两月，留质京师长安的噶尔逃脱还至此，教示焚木起烟，献酒供食而祷之，至夜，树木皆起立，路始通。进至九沙山，绕水而行，如黑暗中明灯高举，紫檀之林、慈梨之林分列于道路左右。此后一路顺风，达于西藏。藏地四方百姓纷纷猜度公主进藏之方向，争相前往迎接，故历史上东方曾有“汉后渡”之名，北方有“迎神（即觉卧佛）村”之名。传说南方支吉甫之冰当时还如白螺一样向右旋转，西方的北巴园石岩则变形似猪鼻，人们于是在此雕塑了一尊依怙像（即观世音像）。这些地名和传说，明显地蕴含着吐蕃民族对汉公主的真诚爱戴。

然而，文成公主进藏之后并未能立即见到赞普松赞干布，原因之一是尺尊公主心生忿嫉，唯恐文成公主夺她的“正宫”地位，因此故意作梗；原因之二是噶尔怨恨唐皇将他留质不放，把气出在公主身上，故意不通报。文成公主对尺尊公主的忿嫉非常不理解，心想：你我都来自远方，都是王后，本应一德一心，同甘共苦，事王护民，长幼互助，同办内外诸务，今生一世，情同姐妹才是。我初来乍到，你竟是如此态度，我的父兄、我的妆奁，哪一样不如你？于是把一肚心思向尺尊公主说了一遍。一个月间，噶尔竟未派一人侍候文成公主，公主提及此事，噶尔又把责任推到尺尊头上，说自己无能为力。文成公主思前想后，不禁伤感起来，遂弹琵琶作歌曰：

弱女适异国，送来觉卧佛，送来占星学，送来宝锦缎；乳使在变酪，酪使在变酥，酸酪在变膏；种桑在缫丝，植竹在索绚，殖土在陶器，水磨在设置，并带芜菁种。中国运气衰，西藏得安乐。未嫁女聪明，既嫁心伤悼。来藏为立家，呼犬入乃挞。藏人无愧耻，刀小刃却利。曲短动人听，未嫁女聪明。王口为臣转，夫口为妇转，机为横纬转，田为恶莠转。女无计留居，噶尔臣无耻。

歌罢，公主即收拾行装，准备返回唐国。这时，噶尔急了，这才前去通报于王。赞普到公主驻地，欢喜会晤，得知公主已来一月，至今初会，非常愧悔。

后来，文成公主应尺尊公主请求，用八十理数，详为推算，卜定建设佛寺基址。然后由尺尊公主主持修建大昭寺，用的是尼泊尔工匠，殿门朝西，面向尼泊尔国，内置文成公主带去的大佛像；由文成公主主持修建小昭寺，用的是唐朝木匠、塑匠，殿门朝东，面向唐国，内置尺尊公主带来的小佛像。金城公主到吐蕃后，始把此两尊佛像掉转安置。大昭、小昭二寺的修建，说明藏传佛教是由尼泊尔和唐朝传去的，“昭”的藏文意思是“佛”。在修建这两寺的过程中，曾有恶魔鬼怪阻挠破坏，这可能反映了佛教初传吐蕃时受到当地本教反抗的情况。

《西藏王统记》关于文成公主出嫁的记载，尤其是关于其入藏经过路线、活动，所携物品，所传技术，入藏后与藏臣、尺尊公主的关系等项记载，从个人方面看，反映了文成公主的善良、聪明、敦厚，但更为主要的是客观上反映了吐蕃人民对这件事的极端关注，从而进一步说明了这次和亲的重要性和必要性。诚然，文成公主赴藏的意义并不止于《西藏王统记》所载。这次联姻导致了吐蕃王朝与唐王朝在对外政策上的一致性，如王玄策使印度遭劫，吐蕃发锐兵破擒那伏王一事即可说明。这次联姻，又形成了吐蕃王朝与唐朝间的甥舅关系，这一“和同一家”局面的开创，为唐朝与印度的交往又增辟了一条新的通道。据义净《大唐西域求法高僧传》记载，在相当长的一段时间里，唐朝僧人、海东（朝鲜）和日本僧人有不少是经西藏——尼泊尔通道前往印度求法巡礼的，不少人还得到文成公主的关照、帮助。例如：

沙门玄照法师……以贞观年中乃于大兴善寺玄证师处，初学梵语。于是仗锡西迈，挂想祇园……远跨胡疆，到吐蕃国，蒙文成公主送往北天。渐向阇阑陀国。未至之间，长途险隘为贼见拘。既而商旅计穷，控告无所。遂乃援神写契，仗圣明衷。梦而感徵。觉见群贼皆睡，私引出围，遂便免难。住阇阑陀国，经于四载。蒙国王钦重，留之供养。学经律、习梵文，既得少通。渐次南上，到莫诃菩提，复经四夏。自恨生不遇圣，幸睹遗踪。仰慈氏所制之真容，着精诚而无替。爰以翘敬之余，沈情俱舍，既解对法，清想律仪，两教斯明。后之那烂陀寺，留住三年。就胜光法师学中百等论。复就宝师子大德受瑜伽十七地。禅门定潋，亟睹关涯。既尽宏纲，遂往弶（巨亮反）伽河北，受国王苫部供养。住信者等寺，复历三年。后因唐使王玄策归乡，表奏言其实德。遂蒙降敕，重诣西天，追玄照入京。路次泥波罗国，蒙王发遣送至吐蕃，重见文成公主，深致礼遇，资给归唐。于是巡涉西蕃而至东夏。以九月而辞苫部。正月便到洛阳。五月之间途经万里。于时麟德年中，驾幸东洛奉谒阙庭……

窥冲法师者，交州人，即明远室也。梵名质呾啰提婆，与明远同舶而泛南海，到师子洲，向西印度。见玄照师，共诣中土。

玄太法师者，新罗人也。梵名萨婆慎若提婆（唐云一切智天）。永徽年内，取吐蕃道，经泥波罗到中印度。礼菩提树，详检经论。旋踵东土，行至吐谷浑，逢道希师，覆相引致。还向大觉寺。后归唐国。莫知所终矣。

以上数例，说明文成公主出嫁吐蕃后，自中夏至印度的吐蕃道曾经兴盛一时。此路的畅通，是唐蕃联姻、和睦的结果。

唐朝与吐蕃的第二次和亲发生在唐中宗时。松赞干布之孙芒松芒赞继位时年纪尚小，因以噶东赞（即《西藏王统记》之噶尔）为大论，此后，噶氏专大论之职达数代，约半个世纪，完全控制了吐蕃的内政外交大权。此间，吐蕃曾侵入吐谷浑地区，势力远及河西陇右，一度占领西域四镇。至噶钦陵用事时，吐蕃兵力所及，东至松、茂等州，南接天竺、尼泊尔，西及（西域）四镇，北抵突厥，每每唆使吐谷浑、党项、西河等臣服部落出兵侵唐。唐与西域的交通受阻，入蕃使节，甚至通好于赞普的专使被拘，唐朝西部、西北地区受到严重威胁。在吐蕃内部，噶氏发动的对外征战加重了人民负担，激化了阶级矛盾，终因噶钦陵对藏钦地区的土地实行统计登记而引发大规模暴动。墀都松赞普当政后，着手剪除噶氏当权者，并逼噶钦陵自杀。噶氏专权的局面结束了，但吐蕃边远地区却因此出现了混乱和离散现象。这种形势说明，无论是唐王朝还是吐蕃王朝，都迫切需要一个安定、和平的环境，以便发展生产，巩固统治。正是出于这种需要，当墀德祖赞赞普继位后，即屡次遣专使赴唐修好请婚。

唐景龙三年（709）四月，中宗皇帝诏以所养嗣雍王守礼女金城公主出降吐蕃赞普。十一月，吐蕃赞普遣大臣尚赞咄、名悉腊来迎公主；中宗幸始平，送金城公主出嫁吐蕃。至四年正月庚午日，中宗为此专下了一封诏书，追溯历史，指出“和亲”乃御宇长策，经邦茂范。本朝早于太宗时即从“偃兵甲”出发，与吐蕃通姻好，致使数十年间，一方清静。但自文成公主于永隆元年（680）死后，噶氏操纵了吐蕃大政，屡屡发动侵唐战争，既损害了唐朝的利益，也使吐蕃国内颇为凋敝。近年来，吐蕃赞普之祖母可敦、酋长等屡披诚款，思托旧亲，请崇新好，因此，朝廷决定再与之和亲通好。金城公主虽为朕之少女，难免钟爱思念之情，但为人父母，志息黎元，只要因而能更敦和好，边土晏宁，兵役服息，朕于是割此深慈，将其出嫁于吐蕃赞普。诏书既道出了此次和亲的原因，也说明了通过和亲所要达到的目的。这次和亲，不仅吐蕃王朝需要，唐王朝在久经边扰之后也急迫地需要找到一个摆脱困扰的办法。这从朝廷对这次和亲的高度重视、大事宣扬的情况可以看得清清楚楚。如前所述，中宗皇帝不仅亲幸始平送行，并设帐于百顷泊侧，引王公宰臣及吐蕃使人入宴，中坐酒阑，命吐蕃使进前，谕以公主騃幼、割慈远嫁之旨。且悲泣歔欷久之。席间还命从臣赋诗饯别，其中，崔湜诗云：

怀戎前策备，降女旧因修。
箫鼓辞家怨，旌旃出塞愁。
尚孩中念切，方远御慈留。
顾乏谋臣用，仍劳圣主忧。

李峤诗云：

汉帝抚戎臣，丝言命锦轮。
还将弄机女，远嫁织皮人。
曲怨关山月，妆消道路尘。
所嗟秾李树，空对小榆春。

阎朝隐诗云：

甥舅重亲地，君臣厚义乡。
还将贵公主，嫁与耨檀王。
卤簿山河暗，琵琶道路长。
回瞻父母国，日出在东方。

韦元旦诗云：

柔远安夷族，和亲重汉年。

军容旌节送，国命锦车传。
琴曲悲千里，箫声恋九天。
唯应西海月，来就掌珠圆。

唐远悊诗云：

皇恩眷下人，割爱远和亲。
少女风游兑，姮娥月去秦。
龙笛迎金榜，骊歌关锦轮。
那堪桃李色，移向虏庭春。

李适诗云：

绛河从远聘，青海赴和亲。
月作临边晓，花为度陇春。
主歌悲顾鹤，帝策重安人。
独有琼箫去，悠悠思锦轮。

苏颋诗云：

帝女出天津，和戎转罽轮。
川经断肠望，地与析支邻。
奏曲风嘶马，衔悲月伴人。
旋知偃兵革，长是汉家亲。

徐彦伯诗云：

凤扆怜箫曲，鸾闺念掌珍。
羌庭遥筑馆，庙策重和亲。
星转银河夕，花移玉树春。
圣心凄送远，留跸望征尘。

薛稷诗云：

天道宁殊俗，慈仁乃戢兵。
怀荒寄赤子，忍爱鞠苍生。
月下琼娥去，星分宝婺行。
关山马上曲，相送不胜情。

沈佺期诗云：

金榜扶丹掖，银河属紫阍。
那堪将凤女，还以嫁乌孙。
玉就歌中怨，珠辞掌上恩。
西戎非我匹，明主至公存。

武平一诗云：

广化三边静，通烟四海安。
还将膝下爱，特副域中欢。
圣念飞玄藻，仙仪下白兰。
日斜征盖波，归骑动鸣鸾。

赵彦昭诗云：

圣后经纶远，谋臣计画多。
受降追汉策，筑馆许戎和。
俗化乌孙垒，春生积石河。
六龙今出饯，双鹤愿为歌。

郑愔诗云：

下嫁戎庭远，和亲汉礼优。
笳声出虏塞，箫曲背秦楼。

贵主悲黄鹤，征人怨紫骝。
皇情眷亿兆，割念俯怀柔。

徐坚诗云：

星汉下天孙，车服降殊蕃。
匣中词易切，马上曲虚繁。
关塞移朱帐，风尘暗锦轩。
箫声去日远，万里望河源。

朝臣们的这些诗，虽然也道出了此次和亲的部分原因，但大民族优越感太强烈，格调又比皇帝本人的宣言低多了。

正月二十七日，中宗遣左骁卫大将军杨矩为使，送金城公主赴蕃。在此次和亲中，中宗先后赦始平县大辟罪（死罪）以下，百姓给复一年，改始平县为金城，改设帐送行地为凤池乡怆别里；此外还诏天下百姓免当年租之半。至玄宗先天时（712—713），更赐河西九曲地为金城公主汤沐之所。金城公主本人雅好文学艺术，其奁嫁甚丰，携带入藏之物品有上绸数万匹，各种工巧明书籍，以及进藏后所需之各种用品。公主乘舆入蕃，吐蕃在所至之处特为凿石开道，在逻娑（拉萨）别筑一城为公主安居之所。

金城公主带去的唐朝先进文化，以及和亲通好后吐蕃所受到的影响，从息兵、交往、互市和赏赐中获得的支援，促进了吐蕃社会的稳定，对此后的吐蕃文化的发展起到了积极的作用。唐朝的西北、西南边境于数十年内再次获得相对的安定。

（二）盟誓旦旦

“安史之乱”爆发后，唐王朝被迫从河西、陇右两镇撤回15万驻防军用于平叛，西北边备由是空虚，吐蕃乘机将势力侵入凉州、河源军等处要地，甚至于广德元年（763）十月间一度攻入长安，大掠而去。“安史之乱”平定后，虽复用兵坐镇西北、西南边境，但力量远远弱于吐蕃，结果是防而不能卫。从此之后，唐蕃两家战和无定时，战而复盟，盟而复战。从战的角度着眼，唐朝统治阶级固然不无责任，但在大多数情况下，则是作为游牧民族的吐蕃统治者侵边剽掠所引起的。在战争中，无论是唐朝人民还是吐蕃人民都是受害者，他们是厌弃战争、渴求和平的，因此，唐、蕃间的会盟便成了反映人民意志的事情，代表了历史发展的正确方向。唐蕃会盟主要有下列数次。

早在“安史之乱”前，唐蕃曾于开元二十二年（734）达成和盟，在赤岭立碑划界，设市贸易。

永泰元年（765），唐蕃盟于长安兴唐寺。

建中四年（783），吐蕃尚结赞与唐使在清水结盟划界。

贞元三年（787），唐蕃于平凉续盟，但由于尚结赞武力劫盟而导致战争。此后由于黑衣大食与吐蕃为敌，吐蕃既要防唐兵，又要防大食，腹背受敌，难再扩张，武力从此衰而不振。

长庆元年（821），唐蕃先后在长安和拉萨会盟。

在以上数次会盟中，最后一次尤为重要，汉藏文献记载均较详细，藏文记载尤其如此。是年九月，先由吐蕃派遣会盟专使论纳罗至唐，唐廷根据吐蕃宰相钵阐布（或作钵制逋）、尚绮心儿所寄盟文要节，命大理卿兼御史大夫刘元鼎充西蕃盟会使，以兵部郎中兼御史中丞刘师老为副，尚舍奉御兼监察御史李武、前京兆府奉先县丞兼监察御史李公度为判官。十月复又命宰臣崔植、王播、杜元颖并赴长安西郊会盟所，与吐蕃使会盟。唐方赴会盟官尚有尚书右仆射韩皋、御史中丞牛僧孺、吏部尚书李绛、兵部尚书萧俛、户部尚书杨广陵、礼部尚书韦绶、太常卿赵宗儒、司农卿裴武、京兆尹柳公绰、右金吾卫将军郭鏦等。盟毕，刘元鼎与论纳罗于是月同赴吐蕃国就盟。至蕃境磨容馆之间，与吐蕃给事中论悉答热于藏河北川议盟事。又于逻娑城（拉萨）东郊野外金帐内会见赞普并其相钵阐布等。次日，正式会盟。盟台阔十步，高二尺，汉使与蕃相及高位者十余人相向列位，首领百余人坐于坛下。坛上设榻，高五六尺，由钵阐布宣读誓文，蕃文使人译之。宣读毕，歃血（钵阐布为僧，不预）。盟会结束，于佛像前作礼，使僧讽文以为督约。又饮郁金咒水，引法使焚香，行道相贺而退。会上曾具馔，馔味及酒器，略与汉同；乐工奏《秦王破阵乐》，演凉州、绿腰、胡谓州百戏，演出者皆中国人。元鼎一行还至河州，吐蕃相兼元帅尚绮心儿馆其于大夏川，召集吐蕃东方节度使将帅几百余人，读本国所署盟文，因约束各守封界，无相侵掠。

据藏文史籍载，在这次会盟中，曾于唐朝梅如附近的边界上，由双方各建一寺，在巨石上刻日月形，以此象征天上一双日月，地上一双甥舅。梅如以下，藏兵勿来，梅如以上，汉兵不入，世代恪守，勿侵寸土。三宝日月，星辰天神共证此言。史籍又载，盟约分刻三碑，碑前后两正面，刻盟约之誓词，左右两侧面，刻唐朝及西藏与盟诸臣及其僚属、卜官姓名（这一记载与今拉萨大昭寺前的会盟碑实况有出入）。一碑立于拉萨（即逻娑），一碑立于唐皇宫前，一碑立于两国交界处之梅如。如藏人背盟入侵唐朝，唐人读皇宫前碑文三遍，可将西藏境内之一切摧毁。反之亦然。

长庆会盟的盟词全文如下：

维唐承天，抚有八纮，声教所臻，靡不来廷。竞业斋栗，惧其陨颠，缵武绍文，叠庆重光，克彰濬哲，罔忝洪绪，十有二叶，二百有四载。则我太祖，权明号而建不拔，铺鸿名而垂永久，类上帝以答嘉应，享皇灵以酬景福，曷有怠已？越岁在癸丑冬十月癸酉，文武孝德皇帝诏丞相臣植、臣播、臣元颖等，与大将和蕃使礼部尚书论讷罗等，会盟于京师，坛于城之西郊，坎于坛北。凡读誓、刑牲、加书、复壤、陟降、周旋之礼，动无违者，盖所以偃兵息人，崇姻继好，懋建远略，规恢长利故也。

原夫昊穹上临，黄祇下载，茫茫蠢蠢之类，必资官司，为厥宰臣，苟无统纪，则相灭绝。中夏见管，维唐是君；西裔一方，大蕃为主。自今而后，屏去兵革，宿忿旧恶，廓焉清除，追崇舅甥，曩昔结援。边堠撤警，戍烽韬烟，患难相恤，暴掠不作，亭障瓯脱，绝其交侵。襟带要害，谨守如故，彼无此诈，此无彼虞。呜呼！爱人为仁，保境为信，畏天为智，事神为礼，有一不至，构灾于躬。塞山崇崇，河水汤汤，日吉辰良，奠其两疆，西为大蕃，东实巨唐。大臣执简，播告秋方。

大蕃赞普及宰相钵阐布、尚绮心儿等，先寄盟文要节云："蕃、汉两邦，各守见管本界，彼此不得征，不得讨，不得相为寇仇，不得侵谋境土。若有所疑，或要捉生问事，便给衣粮放还。"今并依从，更无添改。

长庆会盟是唐、蕃两方吃尽战争苦头、痛定思痛后所做出的明智决策，恢复了和平相处的历史传统，同时又开辟了通向未来的道路，指明了唐蕃"和同一家"的前途。由会盟所造成的和平局面，对唐蕃社会的发展起到了直接的推动作用。

（三）茶马互市

无论是战争年头还是和平时期，唐、蕃两族人民之间都存在着一种持久不断的密切的经济生活，这就是"茶马互市"。

茶马互市出现并长期存在的原因，在中原封建王朝方面，是国内产马量有限，而三北边境线漫长，无马、缺马无以确保边疆的安全；在吐蕃方面，"蕃人嗜乳酪，不得茶，则困以病"。故自唐宋以来，行以茶易马法。至明朝，其制尤密，有官茶、有商茶，皆贮边易马。陕西不仅在唐代，而且在宋、明时期都是汉藏茶马互市的重地。

唐代，唐蕃间的茶马交易，主要方式有两种：一是通过朝贡和赏赐进行，二是在边境地区设市贸易。吐蕃为迎聘唐公主及平时入贡中，除献金、金银器玩、药材、零（羚）羊衫之属外，还有马、牛、羊等牲畜，其中之马，又有多达千匹者。在边贸中，唐朝人民主要是以缯绢、布帛、茶、铁器等换取蕃方之牛、羊、马畜产品，特别是茶、马两宗，更是两族人民进行交易的主要物资。

北宋一代，北方有强敌辽，西北有西夏的崛起。北宋对辽、西夏连年用兵，马源告竭，解决困难的唯一办法是向西拓展，抚慰和联合吐蕃旧部，通过发展河西、陇右以及泾渭洮河地区的经济，使汉藏间的茶马互市贸易更加活跃和繁荣。宋政府所采取的措施，一是给当地吐蕃兵首领和宗教首领敕封官职，建立起臣属关系；二是实行屯田，蠲免租税，令土人弓箭手“习障塞溪隧”，浚濠筑寨；三是于灾疫之年给予物质上的支援。生产发展起来，互市兴旺起来后，宋政府又下令禁止入蕃盗马转卖，还规定凡内属民族驱马至京交易，沿途食用由政府供给，不准富室抢购，良马由政府收购，劣马由政府加盖印记后任民私市。为了减少长途驱赶转输过程中的损失，宋政府下令就近设场收购马匹。皇祐六年（1054）诏定：蜀地马匹于春、秋、冬三季送至陕西四路总管司；次年又修陕西蕃马驿，由郡牧司每季度委派沿边郡县官吏负责视察。而边州巡检兵校可以就地市马，由政府付给马值；随后又下令陕西转运使司每年以银十万两就近到秦州（今甘肃天水）买马，并在原州（今宁夏固原县）、渭州（今甘肃陇西县）、德顺军（今甘肃静宁县）置场收购，每年共买得良马8000匹，3000匹供给沿边军用，5000匹交由郡牧司转卖。熙宁三年（1070），宋将王韶置市贸司于秦凤路（今陕西榆林南，山阳、凤县以北全境，及山西闻喜县以南，陕县以西，甘肃泾原、渭川二道地）古渭寨。熙宁六年（1073），增置市易于兰州，此后又于熙、河、湟、庆、渭、延等州置博易场，从而大大便利了茶马互市的交往。宋政府又通过调整马价的办法，促进茶马交易的发展。治平元年（1064），河东、陕西的广锐、蕃落缺马，朝廷下令重新设置马社，最初，每匹马给价较低，久之马不至，后抬高马价，三等马给值35千钱，并由成都府路每年调拨绸绢3万匹给陕西监牧司用作马值，自是蕃部马至者众，官军仰给焉。此外，宋廷还采用以收购马匹的多少评定官员的政绩、将牧马监所占之地募民牧养等办法来发展边疆蕃落的养马事业和促进茶马交易的成交率。至王韶开发熙河路并置6个买马场之后，宋朝的国用马匹便专门依赖于熙河和秦凤路供给，可见陕西在宋代的茶马互市中的重要地位。

明代，蕃汉间的茶马互市也很活跃。洪武四年（1371），陕西的汉中、金州、石泉、汉阴、平利、西乡诸县（皆在今陕西境内）共有茶园45顷，茶86万余株；四川巴茶种植者315户，茶树238万株，官征其课，十株取一，无主茶园令军士采摘，十取其八，以易蕃马。明政府还在诸产地设茶课司，定税额，其中，陕西26000斤有余，四川100万斤。此后又设茶课司于秦、洮、河、雅诸州，自碉门、黎、雅抵朵甘、乌斯藏，行茶之地5000余里，山后归德诸州西方诸部落，无不以马易茶。但由于西藏归属中国版图日久，臣属关系日深，茶马互市的性质这时也起了根本的变化，原来的两国、两族间互相依赖、互相支援的市易，自洪武初年起具有了“差发”的性质，形式上和内地的庸赋制度已经基本一致，朝廷一旦下达任务，诸蕃各部、族就必须如期完纳，不得违命拖延。所不同的是：庸赋制度纯属朝廷强加给人民的一种无偿的封建负担，而蕃部所缴纳的差发马，明廷一般都以茶兼布帛之类抵偿其值，此外还有诸多赏赐。在整个明代，陕西不仅仍然是茶马互市的重地，而且还兼有保护互市正常进行的职责。例如，成化三年（1467），陕西副使郑安曾向明廷检举报告：进贡蕃僧，自乌斯藏来者不足三分之一，余皆洮岷寺僧诡名冒贡，即使进贡一匹瘦马，也可获得优厚的报酬；长安西的番人也往往诈造乌斯藏诸王文牒，“入贡冒赏”。又如，明廷为了杜绝马匹走私，征足马额，特制金牌信符，金牌上方刻“皇帝圣旨”，左方刻“合当差发”，右方刻“不信者斩”，下号金牌降诸番，上号金牌藏内府以为契，三年派官员验证一次符印。此外，又早于洪武三十年（1397），即批令秦、蜀二府发都官司于松潘、碉门、黎、雅、河州、临洮为入西番关口外，巡禁从其他地方转运私茶出境。每年三月至九月间，每月遣行人4员，半年共遣24员，往来旁午，严密巡检。尽管如此，茶司居民窃易番马以待商贾，岁无虚日。这从一个方面反映了民间茶马互市之盛。

在历史悠久的汉藏间茶马互市中，陕西既是交易的重地，也是杜绝走私，确保明朝官方利益、国家利益的一道防线。

第二章　佛教传入西藏及其发展演变

广仁寺的弘法内容和活动是由寺院的性质决定的。清圣祖敕建广仁寺的目的是为了实现西北、西南蒙藏边境的长治久安，这是从其“因俗宜民”主导思想出发所采取的一项措施。这就意味着要通过尊重蒙古、藏民族的固有宗教信仰，而达到吸引他们、团结他们的目的。这也就决定了广仁寺必定是一座弘扬藏传佛教的喇嘛寺。

广仁寺御碑亭（一进院）

◎第一节 吐蕃佛教

佛教传入西藏始于公元7世纪初，相当于唐贞观年间（627—649）。佛教在西藏的演变发展，藏族内部的传统分期为两个阶段：前弘期和后弘期。前弘期基本上与吐蕃王朝相始终。这一时期的佛教称吐蕃佛教。后弘期则以公元978年为其开端。在前弘期与后弘期之间，有百余年的时间断层，这时，佛教停止了在西藏的传播与发展。

佛教传入西藏，神话传说认为在松赞干布前五世赞普时，时间相当于公元5世纪，从当时西藏周邻地区佛教形势发展情况看，或许不无可能。但以有文字记载而言，其始传则应在7世纪初松赞干布当政之世，关键人物则是尼泊尔的尺尊公主和唐朝的文成公主。她们在出嫁到吐蕃时都带去了佛像，并且建寺供奉。由于松赞干布本人也支持、推崇佛教，而且当时已经创造了文字，因此，也开始翻译了一些佛经，从事翻译的僧人有印度人、尼泊尔人和汉人（大天寿和尚）。松赞干布之后，赤德祖赞（704—755）、赤松德赞（755—797）、牟尼赞普（797—798）、赛那累（798—815）和热巾巴赞普（815—838）当政时也都大力推崇佛教。赤德祖赞时期修建了不少寺庙，也组织人力翻译了一些佛典。这时，促使吐蕃佛教势力增长的动力来自三个方面：一是派人前往印度请僧取经，僧虽未请回，但却取回了五部大乘经典；二是在和唐朝金城公主联婚中，公主自唐带去部分汉僧，把文成公主带去的佛像重新供奉于文成公主所建之小昭寺，并且安排汉僧住寺管理；三是西域于阗僧人逃难进入吐蕃。这些因素大大地壮大了吐蕃佛教的力量。赤松德赞前后两次派人前往印度，终于请来显宗大师寂护和密宗大师莲花生，并由他们勘定地址、主持设计建造了山南的桑耶寺。开坛受戒，剃度吐蕃人为僧。这是藏族第一批受戒出家的僧人。此后，赤松德赞又二次派人前往印度学习密教，当他们学成回国，特别是第二批学成回国后，又克服本教的反对势力，让他们参加印僧无垢友的译经工作，吐蕃佛教因此比前有了进一步的增长与发展。牟尼赞普继位后，仍然执行崇佛的政策，此间最重要的一件事是从这时开始，僧人的生活费用转由吐蕃政府供给，这种依赖政府资助的现象后来越演越烈，在政治、经济上对藏族社会造成了相当严重的负面效果。赛那累赞普的当政得到了僧人的大力支持，因此对僧人十分信任和重用。他让长子出家为僧，在宫廷中建立供奉三宝的“内道场”；继续翻译佛典，使三藏经典更加完备；修建寺院，优礼僧人，甚至让僧人参政等等。热巴巾赞普与松赞干布、赤松德赞被称为“三大法王”，由此可见其在推动吐蕃佛教发展方面的重大作用。热巴巾虔诚顶礼僧人，用玉石修建寺院，推崇佛教的行动超过了前人。其中有两件事在吐蕃佛教发展史上尤其具有突出意义。一是翻译佛典的事业被推到了一个新的高度，为了更准确地翻译佛经，对文字形式进行了改革，同时制定了标准的译名，从而使佛典翻译成为规范化工作；在此同时又编成多种译出经目录，有类于汉地佛教的《众经目录》、《开元释教录》。这些活动除了佛教上的意义外，还体现了吐蕃社会文化的提高。二是在供养和尊重僧人方面有逾于前，七户平民养一僧的规定是最突出的事例；为了提高僧人的地位，他还把军政大权委以钵阐布掌管。热巴巾的做法固然推动吐蕃佛教发展到了顶点，但同时也为吐蕃佛教种下了祸根。

吐蕃佛教在其发展的历程上，并非一帆风顺，而是充满了矛盾斗争。这些矛盾斗争是：

佛教与本教的矛盾与斗争。自佛教传入吐蕃的那一天开始，这一斗争便开始了。尺尊公主和文成公主创建大、小昭寺时曾遭到群魔的破坏，这可以看成是佛教与本教的第一次较量。松赞干布死后，本教势力在斗争中取得了优势。赤松德赞幼年嗣位，大权旁落，信奉本教的贵族、大臣发起了吐蕃历史上的第一次禁佛运动，禁佛法令通告吐蕃全境，所有汉僧及尼泊尔僧人全被驱逐，拆毁寺庙，把大昭寺变为宰牲场，文成公主带到吐蕃的佛像也未能幸免于难。直到赤松德赞巩固了统治，对本教进行打击，本教势力才开始收敛，转处劣势地位。

佛教内部印、汉不同法系的矛盾与斗争。吐蕃佛教始传自唐朝和尼泊尔。唐代佛教是儒释道三教融合后形成的中国化佛教，与印度本土的佛教已大相迥异，特别是由慧能开创的顿悟禅，更是中国所独有的佛教宗派。尼泊尔佛教和印度佛教并无大的差别，而且，后来入藏传法的印度僧人大大多于尼泊尔僧人，因此，在实际上，吐蕃王朝境内主要由印僧、汉僧主持传法、弘法，由于教义上的变异，印、汉僧人的矛盾斗争在所难免。在吐蕃境内传法的汉僧大概由这样几部分人组成，一是和亲公主带去的僧人，二是吐蕃王朝自唐请去之僧人，三是战争中俘虏的僧人，知名者有前面提到的天寿和尚和良琇、文素、大乘和尚（摩诃衍）等人。其活动侧重于讲经，特别是讲说顿悟禅旨和翻译佛经方面（由汉译藏）。其中，以大乘和尚为代表的禅宗势力影响颇大。当地人称此系禅法为“顿门巴”。印僧方面以寂护为首，主弘渐悟法门，当地称之为“渐门巴”。印汉僧人之间的斗争实质上是顿、渐二门的矛盾斗争。由于吐蕃社会的思想基础、文化氛围与汉地差异较大，又由于赞普赤松德赞的倾向性转变，印、汉僧人经过三年多的断续辩论后，顿悟法门未能取得最后胜利，汉僧只好离开吐蕃，返回内地。这样，印僧为代表的渐悟法门在吐蕃取得了主导地位。

佛教与贵族大臣、佛教与平民的矛盾斗争。牟尼赞普从不同阶级对寺庙贡施物品之悬殊而得到启发，下令“三均财富”以及政府资助僧人的决定；赤松德赞委官僧人，借此削弱贵族大臣的权势，这一做法至赛那累赞普时更加突出，被委以军、政大权的僧人已经到了炙手可热的地步，其地位仅在一人之下而高踞于万人之上；热巴巾赞普关于七户平民供养一僧的措施，等等，从动机上说，这些政策大部分都是出于崇佛敬佛、提高佛教的地位，但事与愿违，其结果都走向了它的反面，亦即造成、激化了佛教与社会各阶级、阶层的矛盾和斗争，并最终导致了吐蕃历史上的第二次禁佛运动的发生。朗达玛赞普当政之后，即下令停建新寺、封闭和破坏旧寺、焚毁佛教经籍、压迫僧人等等。吐蕃佛教在遭受了这次沉重打击之后，几乎废绝，并从此进入其“黑暗时代”，时达百余年之久。

◎第二节　藏传佛教及其派别

藏传佛教，俗称喇嘛教。它是印度佛教与西藏原始宗教斗争融合的产物，具有与一般佛教不同的特点，换言之，是西藏化了的佛教。其产生的时间为10世纪末期，传统的“后弘期”就是以一般佛教转变为藏传佛教这一年（978）为其开端。

朗达玛的禁佛运动，使得佛教在吐蕃本部寸步难行。禁佛之际，吐蕃本部僧人藏饶赛等三人经阿里、于阗回鹘部辗转到达青海多康的玛垅，在此远离吐蕃本部的地方保存了吐蕃佛教的余脉。这三位僧人在晚年剃度了一位弟子，名叫公巴饶赛。公巴饶赛得到丹底（今青海塔尔寺东南）侏儒九兄弟的虔诚供养，得以安居下来，开始发展佛教。至晚年，前后藏派出十人前来从其受戒出家，学成之后复还至卫藏地区开始建寺、度僧、弘法，卫藏佛教自此再度复兴。历史上把此十人从丹底传入卫藏的佛教称为“下路弘传”。十人中之杰出者有前藏的鲁梅粗墀喜饶和后藏的洛敦多吉旺典。前者的弟子众多，最主要的有

“四柱”“八梁”“三十二椽”；后者活动于后藏地区，其弟子辈将势力发展到后藏西部拉兑一带（今拉孜以西一带），其法孙卓弥前往印度留学，从师学戒律、般若、密法，尤其是其中的道果教。返藏后，在女古垄地方收徒开法。十人之中还有人曾到西康传法。

吐蕃王朝崩溃之后，有些王室后裔逃往阿里地区，繁衍后代，后划地为三国。其中，古格第一代君王的长子柯热从佛出家，改名耶歇翰。当时，阿里和卫藏的一些教门颇受印度教和本教的影响，其特点是按所谓密教经典的字面行事，而以残害妇女为成佛法门，以砍头为超度手段，兼修“炼尸成金”等邪术。耶歇翰反对这些修行方法，企图以其他教义来取代之，于是派仁钦桑波等三次前往克什米尔一带留学，邀请印度名僧前来传戒度僧，翻译显密教经典，订正旧译经典。后世将其所译密籍称为“新密咒”，以区别于此前所译出之密籍，即“旧密咒”。此外，仁钦桑波还在阿里地区大力修建寺塔。就在这个时候，西藏出现了第一个由藏王赐给僧人封地而形成的寺属谿卡。应迎入藏的印僧之一名阿底峡，他自印度超岩寺启程，绕道尼泊尔来到阿里，协助藏僧译经或著书立言，数年后拟返印度，至布禳，遇乱路阻，遂应种敦杰微迥乃之迎，赴卫藏传法。前后活动于桑耶、拉萨、吐巴、盆城、聂塘等地。复兴佛教势力自阿里传至卫藏，史上称之为“上路弘法”，其标志即阿底峡之自阿里至卫藏。

除上述两路佛教复兴活动外，西康一带此时也开始形成一个讲授佛学的小中心，其中心人物是印度僧人弥底（又作念智称）。他先应尼泊尔译师之请赴阿里，后被请到曼垅讲授佛法，继而传教于康区之丹垅塘。此人从“上路”进藏，主要活动地点却在康区，对“下路弘法”有过一定影响。其主要弟子有赛尊、仲敦巴、枯敦、尊追雍仲等。其中的第二人成了后来噶当派的创始人。

在后藏拉堆地方，作为赴多康学佛回藏的十人之一洛敦，曾派门徒释迦宣奴、意希尊追等人前来弘法。这些人又派了拉堆当地的几个青年前往尼泊尔学习梵文，到印度学习佛法，其中一个名叫卓尔的青年在超岩寺从师八年，学习戒律和般若、密法，又在东印度学习“道果”教授法，后来经印僧迦耶达惹论师的传授，终于掌握其一切教法。卓尔在藏建寺、译经，颇有成就，对后来的萨迦派、宁玛派都产生过影响。卓尔的佛法源头在“上路”，但其师则属“下路”的传人。

公元 10 世纪初叶，西藏进入了封建制度的发展阶段。初期的封建社会是不统一的，各个割据的封建势力都把持佛教教门，并各执教义之一端，借以为自己的政治统治服务，并逐渐形成教门壁垒、门户见深的局面，这时的藏传佛教派别主要有：

宁玛派——意即旧派，俗称红教。11 世纪时形成的派别，其标志是“素尔家族”的大素尔素尔波尔建立乌巴垅寺。派中人自称所弘所传的是吐蕃时期所译的密籍，即所谓“旧密”。实际上只有传承是旧的系统，教法则融进了新时代的内容，其主要教义有“九乘”“大圆满法”，颇受内地禅宗“明心见性”“任运天然”一套说教的影响。此派的特点是势力分散而无中心寺院，与地方势力结合也不甚密切。此外，此派僧人还重密教而轻显教，既从事生产活动，也可娶妻生子，习惯上戴红帽子，并由此得名。此派的宗脉一直绵延至西藏民主改革前，20世纪70年代时传入欧洲。宁玛派的主要寺院有多吉扎寺、敏珠寺、噶陀寺、佐钦寺、白玉寺等。

噶当派——噶当意为遵佛的言教修炼达本。本派教理源于阿底峡，实际上则是其弟子仲敦巴1056年在热振建寺而正式创立宗派，热振寺也便成为本派的中心寺院，或称根本寺院。至仲敦巴的弟子辈，噶当派分流为两个支派，博多哇一系重视经典学习，称为经典派；至博多哇的弟子辈，这一支派又形成怯喀寺、基本寺系统和纳塘寺系统，前一个系统至13世纪时发展为与雅隆觉卧地方势力结合紧密的寺院集团，后一个系统在13世纪晚期开始编撰藏译佛典丛书《甘珠尔》和《丹珠尔》，开编撰藏文大藏经之记录。教授派的为首人物是京俄哇，其特点是重师教，重实修，包括念咒、供佛和静修等，后来也形成两个系统，即京俄巴系统和内邬素巴系统，前一系统的主要寺院有甲域寺和岗岗寺，后一系统有仁钦岗寺和达坚寺。总的说，噶当派以修习显宗为主，所依据的经典有《大乘庄严论》《菩萨地》《集菩萨学论》《入菩提行论》《本生鬘论》《集法句经》（以上合称“噶当六论”），加《菩提道炬论》为“噶当七论”，此外还有《现世庄严论》

等五论和《中论》等。噶当派还兼习密教，但主张先显后密，以显为主，以密为辅，显密互补，其所习密法有“纯净”之誉。其具体的修习按“三士道”而行，此道分下、中、上三级，“三士道”既可看成三种不同根性人不同的修习之道，也可看成是修道人修成佛果的三级阶梯。即第一步归依“三宝”佛法僧，出恶道；第二步持守“三学”戒定慧，求涅槃；第三步修“六度”，利己利他，普度众生。此派注重精神教化，权力欲逊于他派。黄教格鲁派在其基础上发展起来后，噶当派也便不再能独立存在。

萨迦派——或称花教。由自称是吐蕃时期款氏家族后代的贡却杰布创立，但源流可以追溯至卓尔·释迦意希其人。公元 1073 年，贡却杰布在后藏建立萨迦寺，收徒传法。至其子贡噶宁布时，此派学说体系趋于完整，势力开始扩大，贡噶宁布也成了本派的初祖。贡噶宁布死后，寺主之位由其次子继承，他不但传授父亲传下来的教法，而且向他派（噶当派）学习显密教法。死后传位于长孙萨班·贡噶坚赞。这是萨迦派与元朝建立关系的第一人，也是缔结藏、蒙古民族友好关系的第一人。从此在元廷的支持下，萨迦派势力盛极一时。萨班死后，其侄子八思巴继承其位，成为本派的教主，也是西藏政教势力的头面人物。随着元朝的灭亡，萨迦派也失去其政治势力，但作为一个教派则继续存在着。至公元 14 世纪后半叶，派内显教形成两个系统，即雅处·桑吉贝—绒敦·玛微僧格—饶绛巴·桑结培系统和仁达哇·宣奴罗追系统。密教方面则分成三个支派，即俄尔派、贡噶派和擦尔派。萨迦派的寺主采取家族内传承的办法，这可说是其特点之一。这派的教义继承了卓尔的“道果”密法，对此，派内又存在着不同看法，其中，龙树一派将“道果”教法分为三个阶级，即所谓“最初舍非祸”“中断于我执”“后除一切见”。第一阶段的修习主在去恶从善，免生恶趣，有类于噶当派的“下士道”；第二阶段的修习主在“断我执”，即去欲，求得清净、涅槃；第三阶段的修习主除尽执“实有”之“常见”和执“实无”之“断见”，建立“中观”认识，使自己成为彻底的“智者”，即达到道果圆满的境界。在“中观”的理解上，又分“自续中观”和“应成中观”两种观点。

噶举派——又称作白教。“噶举”意为“口传”，即本派所注重的密法修习法是通过口耳相传而延续下来的。此派下分两大传承系统，其中的香巴噶举系统由琼波南交巴创立，他在盆域地方首创寺院，继而在香地（即今西藏南木林县）又建立了108座寺院，广收门徒，形成很大的势力，并因此而以“香巴”命名本派。这一系统后来分出两个支派，一以甲寺（或说在谢通县）为中心，一以桑定寺（在浪卡子县）为中心。至14、15世纪时，香巴噶举系统已显衰落。另一系统称塔布噶举系统，由塔布拉杰创立，故名。实际上，此系统的渊源，人们一般都追溯至11、12世纪之交的玛尔巴和半拉日巴师徒二人。玛尔巴三赴印度，四至尼泊尔，学得密教的喜金刚法、密集、大印，回藏后在卓窝垅传法，其继承人即米拉日巴。米拉日巴是有名的苦行僧和宗教宣传家，后来，又将教法传授给两个大弟子热穷巴和塔布拉杰。热穷巴重在密法修炼，忽视教法传承，故未能最后形成支派。塔布拉杰原名索南仁钦，又称岗布巴。他入道后首先学习的是噶当派的教法，后来才拜米拉日巴为师，学习他的“多吉帕姆灌顶”和“拙火定”，并最后证得本派的成道境界。塔布将噶当、噶举两派的教法融会贯通，形成独特的“大印”法，其传授方式也不同于米拉日巴的显密兼传法，而是随机传法，或传“方便道”之密法，或传显密兼容的“大印法”。这一系统后来又分出帕竹噶举、蔡竹噶举、拔戎噶举、噶玛噶举四个支派，俗称“四大”；再往后，又从帕巴噶举一支更分出止贡巴、达垅巴、主巴、雅桑巴、绰浦巴、修赛巴、叶巴、玛仓巴八个小支，俗称“八小”。其中，“四大”的噶玛噶举派和帕竹噶举派中的一些支系一直延续到现代。噶玛噶举派最早采用活佛转世制度，并于17世纪前半叶一度操纵过西藏地方政权。其内部的派别有黑帽系和红帽系。帕竹噶举继萨迦派之后于公元1354年开始执掌西藏地方权力达两个多世纪。它的首领集政治、宗教权力于一身，比萨迦派的政教合一更典型，所以有人主张西藏政教合一的制度应当从这时算起。噶举派的两大系统，其教法同源于印度，传入西藏之后，传播地区固然不同，各自的规模、势力大小亦不同，具体教法也有所不同，并终于形成不同的传承体系。历史上的噶举派，包括香巴系统和塔布系统；现在所称之噶举派，则限于延续至今的塔布噶举。

藏传佛教除上述的宁玛派、噶当派、萨迦派、噶举派四大派系之外，产生较早的派别尚有希解派、觉宇派、觉囊派、郭札派、夏鲁派。这些派别的规模、势力一般都较小，影响也不及前四大派。

格鲁派俗称黄教，是藏传佛教诸派别中形成最晚的一个派别，但势力很快膨胀，并最终掌握了西藏地方的政、教权力。

◎第三节　蒙古族对藏传佛教传播、发展的推动作用

如前所述，佛教传入吐蕃地区始于公元 7 世纪，至 9 世纪形成一定的势力，之后停顿了约一个多世纪，至 10 世纪后半叶才又恢复发展起来，史称此后的藏传佛教为喇嘛教。喇嘛教是西藏化的佛教，它带有西藏本土宗教本教的浓厚色彩。迨至 10 世纪后半叶，藏传佛教开始出现教派。如前所述，11 世纪中期以后至 15 世纪初，主要的教派有宁玛派（红教）、噶当派、萨迦派（花教）、噶举派（白教，其中包括四大支系和八小支系）、希解派、觉宇派、觉囊派、布顿派（或称夏鲁派）、格鲁派（即黄教）。

各个教派都与不同封建势力有着密切的联系，比如在日喀则地区建立的萨迦派就是以当地的封建势力昆氏家族为后台的。也正是这个教派的四祖贡嘎坚赞（1182—1251）最早与蒙古王室建立起联系。

公元 1244 年，元太祖成吉思汗第二子窝阔台之第二子永昌王阔端，即代表王室留守国内实权派人物，第二次派遣多达那波将军和杰曼领兵进入藏区，给萨迦派四祖萨班带去礼物和信函，要求他“尽快”到阔端的驻地凉州。这位萨班就是前面提到的四祖贡嘎坚赞。萨班读完信，经过权衡利弊，便带上两个侄子，即 10 岁的八思巴和 6 岁的恰那多吉，于 1246 年到达凉州。阔端经过与萨班晤谈，对他的学识人品都很赞赏，器重有加。就在这次会见中，两人就西藏归顺蒙古的问题进行了协商，从萨班致西藏僧俗领主的信函即《萨迦班智达致蕃人书》可以概括出这样几点：一是西藏僧俗、官民都要归顺蒙古王室，承认自己是蒙古的臣民，并造册登记归属官员、百姓的名字以及必须缴纳的贡赋物品和数量；二是由蒙古王室派遣官员管理西藏世俗行政事务，并对留任的藏族官员加以任命，宗教事务则指定由萨迦派领袖人物主持。由此可见，西藏自这时起便已处于蒙古王室的管辖之下，而蒙古王室也是在此前后信奉藏传佛教，也就是说，藏传佛教从这时起，已由西藏地方扩展到蒙古王室统治地区。

窝阔台和阔端相继死后，蒙古王室的大权落到了成吉思汗第三子拖雷一系的手上。不过，拖雷长子蒙哥于 1251 年登上大汗宝座后，仍然继承了前任的政策，派官管理西藏行政事务，继续支持萨迦派领袖主持藏传佛教事务。这时，萨班已死，八思巴才 16 岁。蒙哥在位 9 年，与他有直接关系的藏传佛教界领袖人物不是萨迦派的，而是康藏地区有实力的噶玛噶举派的代表人物噶玛拔希（本名却吉喇嘛）。1256 年，蒙哥召噶玛拔希到蒙古王庭见面，封为国师，赐金边黑帽一顶、金印一枚。由此可见其备受器重的程度。又尊克什米尔僧人那摩为国师，授予玉印。这些事实说明，蒙古王室对藏传佛教各派开始加强管理，而藏传佛教对蒙古的影响也在与日俱增。

1259年，蒙哥在攻打南宋的四川战场上阵亡，其弟忽必烈于次年继位为蒙古大汗。与这位新汗关系最为密切的藏传佛教领袖人物是萨班以后萨迦派的新教主八思巴。八思巴是四祖萨班贡嘎坚赞弟弟桑察索南坚赞的长子，自幼颖悟，3岁熟念《莲花经》经咒，8岁能讲《佛本生经》，因以“八思巴”为名。八思巴藏语意为“圣者”。八思巴跟随叔父萨班到达凉州后，阔端命其继续研习佛教，后来果然成为“学富五明，淹贯三藏”的高僧。早在1251年，八思巴即与忽必烈在六盘山会面。二人从此结为施主与福田的关系。忽必烈尊称八思巴为“上师”；1253年，二人在一个叫忒剌的地方再次相会。经过两次会见晤谈，忽必烈对比自己小20岁的八思巴的人品和学识深表佩服，不仅让其随侍左右，而且一家都表示归敬佛教。1254年，忽必烈又赐给八思巴优礼僧人诏书，再次表示皈依佛教的虔诚心愿，并保证不侵害八思巴原住地即后藏地区的所有寺院和僧人。登上汗位后，忽必烈立即授予八思巴玉印，尊为国师，任中原法主，统理天下教门。这一决定，说明忽必烈不仅是单纯推崇藏传佛教的问题，而是将佛教摆到了国内诸宗教之上，同时也意味着佛教，尤其是藏传佛教已经成为蒙古王室的专一信仰。1270年，忽必烈将八思巴的“国师”封号提升为“帝师”，全称为“普天之下、大地之上、西天佛子、化身佛陀、创制文字、护持国政、精通五明班智达八思巴帝师”。1280年，八思巴逝世后，忽必烈再次赐给封号，是为“皇天之下、一人之上、开教宣文辅治、大圣至德、普觉真智、佑国如意、大宝法王、西天佛子、大元帝师班智达八思巴八合失”。忽必烈对八思巴的赐封行为及赐封内容，都说明皇帝虽然极力推崇藏传佛教，将八思巴摆到极高的位置上，但却一直保持着自己管理臣民和国政的绝对权威。

帝师的封号，自八思巴开始，直至元朝的结束，各代皇帝都各自封有帝师，有的皇帝还不止一个帝师。在实际上，元廷已经将“帝师”当成了统治者的精神支柱、靠山。为了保证元皇帝的平安和治内的和平稳定，元廷还在中央设立总制院，下设三个宣慰使司都元帅府，用以管理全国佛教事务和藏族地区的军事、行政。总制院后来改名为宣政院，名称不同，但职责是一样的。此外，元廷还通过派官进入藏区清查户口、设立驿站等措施，加强其统治。总而言之，元朝统治者从一开始就是通过推崇、信仰藏传佛教借以建立自己的精神家园，同时借此取信、团结西藏僧俗，达到其有效管理藏区的目的，而藏传佛教也因此得到了大发展。

历史进入明代，蒙古族落分为漠南漠北六部（即喀尔喀部、兀良哈部、察哈尔部、鄂尔多斯部、土默特部、喀喇沁部）和漠西瓦剌四部（即准噶尔部、土尔扈特部、杜尔伯特部、和硕特部）。各部蒙古仍然信仰藏传佛教。而这时最先与藏传佛教直接联系的则是居住在河套地区及其近北（即今呼和浩特一带）

的土默特部和鄂尔多斯部，这两部的领袖人物同为统一漠南漠北的达尔汗子胤，是为土默特部领袖的俺答汗（1507—1583）和鄂尔多斯部领袖衮必里克墨尔根（1506—1550）。

公元1571年，俺答汗由于内外形势所迫而归顺明朝，被封为“顺义王”。此前，自1509年至1514年间，蒙古多部已出于不同原因，先后进入川、青、藏地区。1559年，俺答汗与其侄孙库图克台彻辰洪台吉亦开始经略青海，并与藏传佛教领袖人物接触。迨至1576年，在侄孙库图克台彻辰洪台吉的建议下，俺答汗宣布信奉藏传佛教，并延请藏传佛教中名望最高的格鲁派领袖索南嘉措到其驻地青海会面。

格鲁派由宗喀巴于1409年创立。这个教派得到西藏帕竹地方政权的执政者扎克坚赞的支持帮助，此人曾被明廷封为“阐化王”。由于格鲁派是一个针对藏传佛教弊端而锐意改革的派别，所以创立之后便迅速发展起来，至1566年，正式袭用噶玛噶举派13世纪中叶实行的“活佛转世”制度。至索南嘉措时，由于教派斗争的加剧，格鲁派为了稳固本派的地位和利益，于是与俺答汗结成联盟。1578年5月，索南嘉措与俺答汗等蒙古王公在青海湖边新落成的仰华寺会见，俺答汗赠给索南嘉措“圣识一切瓦齐尔达喇达赖喇嘛”尊号，索南嘉措也回赠俺答汗“咱克喇瓦尔第彻汗”尊号，含“转轮王”之意。

驻地在今呼伦贝尔市地域的喀尔喀部与藏传佛教发展关系的代表人物是阿巴岱，他于1581年派人前往土默特部迎请藏传佛教高僧到本部传教，1587年又在土默特会见达赖三世，并献上贡品，达赖三世则回赐他“大瓦齐尔巴尼汗”尊号，此后，即建寺弘扬藏传佛教。阿巴岱还与藏传佛教的觉囊派有联系。1614年，他曾迎请此派高僧多罗那它前来传教，称其为“迈达尔（弥勒佛）活佛”。多罗那它于1634年死后，该部的谢图汗之子被认为是多罗那它的“转世”，并据此推尊他为第一世哲布尊巴（1635—1723），是为蒙古最大的活佛。从此开始，喀尔喀蒙古由觉囊派转崇格鲁派。阿巴岱之弟图蒙肯于1617年后曾为被藏巴汗刺杀的达赖四世建塔纪念供养，并从此成为格鲁派和班禅活佛系统的施主，班禅四世曾授予他诺门汗尊号和银印一方。

驻地在今河北北部和内蒙古锡林郭勒盟地域的察哈尔部既信仰噶玛噶举派，也信仰格鲁派，此部的首领林丹汗就曾从藏传佛教不同派别的高僧受戒。

辖地在今新疆北部而以伊犁、塔城、阿勒泰为活动中心的维拉特四部都自诩崇信藏传佛教的格鲁派，只是起始时间要晚至17世纪20年代。率先发起信仰藏传佛教的是土尔扈特部的首领诺颜赛英台奈斯麦根台曼奈，而直接推动、弘扬者则是和硕特部领袖拜巴噶斯及其第五子咱雅班智达、固始汗、巴图尔浑台吉。尤其突出的是，土尔扈特部在西迁伏尔加河和顿河下游期间，仍然坚持信仰藏传佛教格鲁派。

蒙古族在藏传佛教发展的影响或者说推动作用，还有至关重要的一项，那就是将藏文《甘珠尔》《丹珠尔》翻译成蒙古文。其中，《甘珠尔》部分在1627—1628年之前已由土默特部组织翻译完成，而《丹珠尔》部分的翻译也已提上议事日程。这件事对于藏传佛教的进一步发展的积极作用是不言而喻的。

从以上诸端可以看出，蒙古族与藏族的关系是密切的，在推动藏传佛教发展上的积极作用，或者说贡献也是突出的。不仅如此，当察哈尔部林丹汗之子额顿战败归顺女真清，1636年更率领漠南蒙古 16 部 49 个封建主在盛京集会，一致推尊皇太极为“博格达·车臣汗”，由此又揭开了清王朝与蒙古族、藏族与藏传佛教关系的新一页。

第三章　藏传佛教传入陕西

元朝统治者不仅信仰喇嘛教，而且大力扶持使之传播内地。《佛祖历代通载》载："统元中，天子以大萨思迦法师有圣人之道，尊为帝师，于是秘密之法日丽乎中天，波渐于四海。精其法者皆致重于天朝，敬慕于殊俗，故佛氏之旧，一变于齐鲁。"引文中的"统元"指元世祖忽必烈的"中统"纪元（1260—1264），"大萨思迦"即八思巴，"秘密之法"即藏传佛教之密教，简称藏密，一般俗称为黄教，也就是喇嘛教。这段话的意思是说：自从忽必烈于中统元年封八思巴为国师之后，喇嘛教发展到了如日中天的地步。喇嘛教中的高僧不仅受到朝廷的敬重，而且也为殊方异俗所敬慕，汉地传统佛教为之改观。元朝统治者之所以要尊崇喇嘛教，《元史·释老志》说，蒙古民族起源于中国的北方，本来就信仰佛教。当世祖忽必烈攻略西域（此处具指青藏高原一带）之后，"以其地广而险远，民犷而好斗"，因此想"因其俗而柔其人”，故一面在藏地推行汉地的郡县制度，另一方面则在分官设职时，由受封于朝廷的喇嘛教“帝师”统领之，并在各方面对喇嘛教、喇嘛僧表示敬礼和尊信，甚而到了无所不用其极的地步。这既说明了元朝统治者尊崇喇嘛教的原因，同时也说明了喇嘛教在内地得以迅速发展的原因。但应当指出的一点是，喇嘛教传入内地后，受其影响最大的是京城地区，京城地区以外的区域虽有传播，但影响是有限的。而且，当时传播于内地的喇嘛教主要是萨迦派，只是到了元末文宗时（1328—1331），朝廷转而扶持噶玛噶举派，萨迦派对元廷的影响才名存而实亡。元代传入内地的喇嘛教是否在陕西境内存在过，因无文献资料可资考证，故不得而知。

到了明代，最高统治者所采取的政策及制定政策的原因，几乎与元朝政府的做法如出一辙，即所谓“以西番地广，人犷悍，欲分其势而杀其力，使不为边患”，一方面对其归附者“辄授官”，一方面又“益封法王及大师、西天佛子等”。至成化初年，明宪宗进一步修好于西番，于是入朝者日众，或封法王，或封西天佛子，或授大国师、国师、禅师，其数不可胜计。于是，继元朝之后，明代时的喇嘛教在内地的传播似乎又有了进一步的扩展，陕西省自然也是如此。

如前所述，按情理，陕西省境内在元代时就应当有喇嘛教的传入，但至今没有找到可以为证的文字记载或文物遗存。至迟至明代，喇嘛教传入陕西则是确定无疑的事实。

据周至县仙游寺寺碑记载，明英宗天顺六年（1462），仙游寺的住持为西域喇嘛桑迦巴，他曾主持重修扩建仙游寺，使之变得更加规模宏大。扩建后的仙游寺改名为普缘寺。不仅是喇嘛当家，而且又能修好人事，争取到僧俗支持，并出财出力重修、扩建寺院，则喇嘛教在周至一方的影响可想而知。又据《明史》记载，西安城内的大慈恩寺在成化二年（1466）修复之后，曾延聘藏族喇嘛僧结列领占纲领寺任，这位喇嘛是一个大阿阇梨，明廷曾授予他“灌顶净修弘治国师”的称号。成化三年（1467）二月，结列领占与“蒙遣喇嘛”著旦领占等乌斯藏公干们各向明廷贡献毛氆氇，皇帝曾回赠彩缎贯纱等物品。到了武宗正德八年（1513）四月，又有大慈恩寺番僧乳奴领占上奏明廷，请求“修本寺方丈”，明廷遂饬令会年例物料修理，同时拨官军3000人、锦衣卫军士300人帮助修葺。贡献氆氇及派军力助修方丈这两件事说明，由喇嘛僧主持寺务的大慈恩寺与明朝廷和设邸于西安的秦藩王府的关系是相当密切的。

除仙游寺、大慈恩寺之外，西安市内的开元寺、罔极寺、终南山嘉五台国清寺（喇嘛洞）等处在广仁寺建立之前也都有喇嘛僧居住弘法。

据《佛祖统纪》载，开元二十六年（738），敕天下诸郡立龙兴、开元二寺。唐代长安开元寺原址已不可考，后移至今钟楼东南角开元商场址。宋建隆四年（963），中书令琅琊王彦超及僧嗣麟重修；明嘉靖四十二年（1563）再重修，增建藏经阁，系三楹三层古建筑；清康熙三十年（1691），镶白旗御方佟阿利等重建。民国中期，其范围日益缩小，并一度变为娼寮或商场、文物市场。1949 年以后，政府曾设想保护修复，但因经费无着而未果，破败不堪的藏经阁也终于走到其历史的尽头。开元寺曾有过的文物经像为：佛教大藏经籍 3000 余卷，后移省图书馆收藏；刻有唐梵两种文体的陀罗尼经幢一件，元代刻《华严世界图》碑一方，“开元寺”古匾一方；藏经阁下层室内供奉五尊菩萨像，中尊及东尊系藏式像，最庄严，中尊为贴金大悲观音像（又称绿度母像），于康熙四十四年（1705）移置新建成的广仁寺。因此缘故，开元寺僧于此后每年的正月初八日都要按例前往广仁寺礼拜观音。因为这里曾供奉着藏式大悲观音像，所以，西藏喇嘛教领袖达赖、班禅两大师每当赴北京觐见清朝皇帝而路过西安时，都要到此礼佛。

广仁寺绿度母像

罔极寺位于西安市东关炮房街路北，寺宇坐北向南。唐神龙元年（705），太平公主为报则天皇后深厚无穷养育之恩而创建，因名“罔极寺”。开元间（713—741），高僧慧日慈愍三藏曾住寺弘扬净土法门，著《往生净土集》。开元二十年（732），改名兴唐寺，清代复原名。历代均有修葺。至1958年，寺内东边空院尚有喇嘛塔两座，南塔高八尺，不足三米，为清康熙二十九年（1690）庚午仲春立；北塔高约一丈八尺，合六米，嵌石刻大恩师喇嘛金罗汉禅塔实行碑，竖塔立碑的时间可能为康熙四十一年（1702）。按二塔之建立皆早于广仁寺的敕建，这又进一步佐证，在广仁寺兴建之前，西安地区已有黄教的传播。

嘉五台位于西安城南70里的终南山大峪境内。这里岫峦登起，奇峭突峻，为数百仞，石磴疑天上蜂蚜飞来，秀壁奇岩，俗谓之为小华山。山上的主要景观有凉水泉、鱼龙石、蛇龙石、金蟾戏彩云、野猪追熊、双龟、苍鹰、樵夫石、小梯子、大梯子、二天门、南天门等，佛教遗迹有峪口处的新庵寺、观音堂，小梯子上方的破山寺，破山寺西面断岩上的喇嘛洞，洞侧的寺院摩崖石刻，大梯子上方的金刚崖、二十四诸佛寺遗址，山顶的兴庆寺、地藏庵遗址、五花洞、诸茅棚，等等，其中最主要的遗迹是兴庆寺，相传创建于开元九年（721），明清时曾有修葺，现在仍存大殿三间、厢房三间，砖大瓦阔，滴水瓦为琉璃瓦，殿脊鸱尾具有明代风格，檐下彩绘至今色彩绚丽，殿内山墙上方柱间遗存壁画数幅，尚完整清晰。寺内又有万历间残碑一块，半圆状碑头上浮雕佛像一躯，仪态端庄。这些遗址说明嘉五台历史上曾是佛教的一处圣地，后来又与西藏黄教即喇嘛教发生关系。据广仁寺的喇嘛说，嘉五台的喇嘛及其所住寺院（洞）隶属于广仁寺，以前每年都向广仁寺供奉地租。因史志无载，嘉五台与广仁寺的这种关系是何时建立、怎么样建立起来的，已不可考。但这种隶属关系的存在，则说明广仁寺的黄教势力曾在西安地区影响一时。

第四章　清代康熙皇帝西巡与敕建广仁寺

◎第一节　清初西北西南蒙藏地区的形势

史评清圣祖的继位执政是“虽曰守成，实同开创焉”。这在一定程度上说明了清圣祖守业的艰辛及其重要。清世祖顺治帝未壮而崩，留给年仅8岁的儿子清圣祖玄烨的大清帝国虽然基础已具，但四边未靖，内部更潜伏着危机，加之辅臣跋扈，因此，其前途正未可乐观。清圣祖16岁亲政，随即拔除扈臣，诏停圈地，雪冤谥恤，紧接着便开始了长达数十年时间的治内安边的政治、军事活动，举其大者有：

康熙十二年至二十年（1673—1681），平定由“削藩”而引起的以吴三桂为首要的三藩反清叛乱。

康熙二十年至二十二年（1681—1683），抓住台湾郑氏政权内讧、分裂的机会，乘平定三藩之锐气，采取以汉制汉的政策，一举统一台湾。

康熙二十四年至二十八年（1685—1689），对盘踞我国东北黑龙江流域40多年的沙俄侵略者实行自卫反击，在示以军威、予以重创的基础上，又通过和平谈判，签订了《中俄尼布楚条约》，划定了中俄东段边界，从而确保了这一地区长达160余年的和平局面。

康熙二十九年至三十六年（1690—1697），平定蒙古准噶尔部首领噶尔丹的叛乱。

至此，大清帝国基本上内安外定。不过，这只是就其大体而言罢了，如果细而究之，则这时至少还有两件事使得清圣祖枕不安席：一是借平定噶尔丹叛乱而崛起的另一准噶尔部首领策妄阿喇布坦势力的膨胀，二是与蒙古准噶尔部势力有密切关系的西藏问题。

噶尔丹叛乱被平息下去之后，大清帝国的西北边疆的平静只是相对的、暂时的。当时，噶尔丹杀其兄之长子索诺木喇布坦，夺取了准噶尔部的汗位，遂又夺其次子策妄阿喇布坦的妻室。策妄阿喇布坦被迫率兵五千逃走。后来，当噶尔丹东侵喀尔蒙古并驻扎漠北时，策妄阿喇布坦便乘机掠其后方的妻子、人民，并占据且居于回部吐蕃之地。不过，直至此时，策妄阿喇布坦的行为仍属于协助清廷平定噶尔丹叛乱的性质，也正因为如此，清圣祖才划阿尔泰山以西地给他驻牧。但是，策妄阿喇布坦并不以此为满足。他借助清廷的扶持而壮大自己，同时又背地里效法噶尔丹，企图吞并四卫拉特而称尊。此事之大暴露并酿成边患虽在清圣祖统治的最后十年间，但事态之肇萌则早在削平噶尔丹势力后不数年便屡有迹象可征。康熙三十九年（1700）七月，青海商南多尔齐曾奏策妄阿喇布坦遣人往青海窥探厄鲁特蒙古的虚实；清圣祖也早已觉察到策妄阿喇布坦“人甚狡猾”，认为他窥探青海一事“目前观之‘虽属甚小，将来大有关系’”，并提醒今后“应宜留意”。果然，策妄阿喇布坦终于在康熙五十五年（1716）与西藏反清势力勾结起来，酿成了西藏地区的大乱。此其一。

清廷与西藏虽早在明亡之前便有友好往来，顺治九年（1652）更有五世达赖喇嘛率领藏官侍众3000人赴北京朝觐，清世祖专门修建黄寺供其居住；返藏时又赐给达赖金册、金印，用册封的形式确立了达赖喇嘛的名号及其政治地位。终五世达赖喇嘛之世，清廷与西藏的关系基本良好，但并非没有丝毫的摩擦。康熙十三年（1674），清廷为平定吴三桂叛乱，诏令青海蒙古兵通过四川攻打云南，五世达赖却提出了“乞降则免其一死，顽抗则裂土与之而罢兵”这一意见。后来，青海蒙古兵果然没有应诏南下，而吴三桂之孙吴世潘也确有致书求救于五世达赖喇嘛之事。对此，清圣祖皆置而不问，原因乃在于这时清廷在西藏本土的统治势力尚弱，而且也实在顾之无暇。康熙十八年（1679），桑结嘉措继任为第巴。他企图扩大自己的权力，因而与驻藏的和硕特部蒙古势力发生了尖锐的矛盾。桑结嘉措联络新疆准噶尔部噶尔丹起兵抄袭青海，动摇和硕特部达赖汗的后方，企图达到最终驱逐蒙古势力出西藏的目的。这一目的虽未实现，但却的确扰乱了其后方。五世达赖喇嘛于康熙二十一年示寂（1682）之后，桑结嘉措“欲专国事”“秘不发丧”，对清廷采取了一系列阳奉阴违的手段，多次怂恿噶尔丹把矛头指向清朝，处处为噶尔丹开脱罪责。后来，桑结嘉措甚至假借五世达赖之名，从清圣祖那里骗取了一枚象征着权力升级的金印。康熙三十五年（1696），清廷于照莫多之役再次打败噶尔丹之后，桑结嘉措的上述行为一一败露，受到了斥责。桑结嘉措借口他那样做(指秘不发丧)是“恐唐古特人民生变”，极力为自己开脱、辩护，同时又表示同意解送为噶尔丹出谋划策的济隆喇嘛至京处理，再次骗取清圣祖的信任；其于康熙三十六年（1697），又立假达赖喇嘛，以惑众人，重演其排斥驻藏和硕特部蒙古势力之故伎。康熙四十年（1701），驻藏和硕特部蒙古首领达赖汗逝世，其子拉藏汗继位。此后，拉藏汗与桑结嘉措的矛盾更加尖锐，关系越来越恶化，到清圣祖为西安广仁寺撰写碑铭这一年（康熙四十四年），终于发生武装冲突。

清圣祖对上述形势了如指掌，他深知准噶尔部策妄阿喇布坦重蹈噶尔丹之覆辙，以及西藏第巴桑结嘉措终以勾结准噶尔部乱藏之必然。正是这种微妙的政治形势，促使清圣祖进一步关注西北、西南边疆的防卫和经营；而削平三藩、统一台湾、东北边境和平局面的形成、噶尔丹势力的被殄灭，也使得清圣祖的这一计划、决策具备了实施的可能性。清圣祖于康熙四十二年（1703）之西巡临陕及广仁寺之敕建，都与此一形势有着密切的关系。

◎第二节　清圣祖西巡及在陕的活动

为了确保西北、西南边疆的和平与安全，为了进一步更好地治理这些地区，清圣祖又迈出了实施其方略的重要一步：康熙四十二年（1703）冬十月十二日，清圣祖在皇太子允礽、皇三子多罗贝勒允祉、皇十三子胤祥等陪从下，启銮西巡，经保定、太原，南下蒲州，渡黄河，入潼关，然后溯渭而上，最终抵达西安。自十一月十一日入陕，至二十五日出潼关，经郑州北上还京，巡陕历时半个月，其中于十五日至二十日驻跸西安城内，共八天。

清圣祖在陕西的具体活动，主要有下列几项：

（一）祭祀山川、皇陵等

十一月十一日，驻跸潼关时，遣礼部侍郎邵穆布致祭西岳华山；

十一月十四日，驻跸临潼时，遣官祭汉文帝陵；

十一月十五日，时逢冬至，祀天于圜丘，同时遣官祭永陵、福陵、昭陵、暂安奉殿、孝陵及仁孝皇后、孝昭皇后、孝懿皇后等陵；

十一月十七日，驻跸西安后的第三天，遣官祭周文王、武王、成王、康王陵，汉高祖、宣帝陵，唐高祖、太宗、宣宗陵。

（二）奖学兴贤

十一月二十日，自西安回銮前夕，命喻德查昇传谕陕西巡抚鄂海，表彰周至县处士李颙，称其“人好读书，明理学，屡征不出”，故“朕甚嘉之”，特御书“操志清洁”匾额赐之。

（三）优抚赈灾

早在对噶尔丹叛乱用兵之初，陕西连年荒旱，清圣祖访闻得实，即多方筹划运米救拯，一由襄阳运往商州，一由黄河运至潼关，一由湖滩河朔运至渭河，一由甘肃运至西安，一一分行赈济，同时蠲正赋，免夙逋，安集流离，使秦民“始得少苏”。康熙三十二年（1693），复遣皇长子允禔致祭华山，祈求陕西风调雨顺，年谷丰登，于是闾阎又“稍有起色”。但是，清圣祖并不因此而释怀，考虑到“秦省关系最重，且不通水运，抚绥尤宜加意”，故又“不惮隆冬，跋履风霜，远临兹土”，并下令将陕西巡抚及甘肃巡抚所属地方康熙四十二年以前各项积欠银米草豆钱粮尽行蠲免；俟四十三年直隶各省咸获丰稔，再将秦省四十四年正赋亦行免征。为了使“穷乡僻壤小民均沾实惠”，“以副朕爱养黎元之至意”，遂又令督抚通行晓谕，对那些“不肖有司希图侵蚀，以至泽不下究”者，“严加察访”，“据实指参”。

（四）简稽将士，整饬戎行，奖励军功

清圣祖在巡陕期间，几乎是天天带着诸皇子并善射侍卫在行宫外或教场上校射比武，同时还组织西安驻防军的校射，并

两次检阅其军容：十一月十六日在西安城内教场检阅了西安驻防军官兵的校射；十一月十八日，康熙帝又到西安府城外教场检阅西安驻防八旗满洲、汉军及绿旗官兵军容，火器前锋、马步兵丁俱环甲，各按队伍列阵，然后，清圣祖及内大臣、侍卫等，亦俱环甲乘马进行检阅。在校射、阅兵中，清圣祖还对驻防军官兵射技娴熟、训练有素大加赞赏和奖励，对老残兵将及死者遗孤给予优恤和关怀。十一月十三日，清圣祖观固原提标官兵射毕，对大学士马齐、兵部侍郎布雅努说："朕巡历诸省，观绿旗兵丁，无如提督潘育龙之兵者，射既娴熟，人复劲健，此皆统率将领之训练有方也。自提督以下官员可俱加一级。"十一月十六日，阅西安驻防官兵射毕，甚悦，因命记善射之佼佼者，同时对马齐，西安将军博霁，四川、陕西总督觉罗华显，陕西巡抚鄂海等人说："朕为西土兵民生计，不辞地方遥远，冒涉严寒，躬行巡狩，见西安右翼旧兵效力行间，著有劳绩，亦有阵亡者，朕心深切轸念，且皆循循奉法，骑射熟娴，军容整肃，朕甚嘉之，较之各省之兵，允为超出，应大沛恩泽，以示朕不忘劳勋人员之意。"于是赏给西安右翼旧兵银两，又赐满洲兵八旬以上 51 人及总督标下绿旗兵内阵伤兵丁银两。十一月十八日，清圣祖以将军博霁训练官兵有方，赐给随身所佩弓矢等物，又赐给总督觉罗华显、巡抚鄂海弓矢等物。十一月二十日，传谕马齐，给华显、鄂海及绿旗把总以上官员俱加一级，以褒奖他们训练督抚兵之功绩；又以满洲兵丁整肃，特给其将军以下，骁骑校以上官员各加一级，巡抚齐世武以前曾降五级留用，今令给还所降之级。十一月二十一日，再赐博霁、觉罗华显、鄂海；甘肃巡抚齐世武；四川巡抚贝和诺、潘育龙；四川提督岳升龙，总兵江琦、何天培、魏勋等。

（五）接见并封赐青海等地诸部蒙古首领

清圣祖驻跸西安的当天，青海和硕亲王扎什巴图尔，鄂尔多斯多罗郡王董罗布、松阿喇布，多罗贝勒纳木扎尔额尔德尼，厄鲁特多罗贝勒巴图尔额尔克济农，喀尔喀台吉哈嘛尔戴青，青海台吉盆苏克等来朝。十八日在西安府城外教场阅兵时，诸部蒙古首领随驾同阅，窥见官兵队伍整齐、森严，甲胄鲜明，无不叹异。是日，御教场箭亭赐陕西官兵及蒙古诸王、贝勒、台吉等。又封达赖汗之弟青海台吉盆苏克为多罗贝勒，赐蒙古诸王、贝勒、台吉等缎匹银两。次日，复赐青海和硕亲王扎什巴图尔等、鄂尔多斯多罗郡王董罗布等、厄鲁特多罗贝勒巴图尔额尔克济农等、喀尔喀台吉哈嘛尔戴青等，并宴于行宫前。

清圣祖巡陕时的活动是多方面、多角度的，既包括政治、经济、军事方面，也涉及民族、宗教问题。其着眼点在西北、西南边疆，落脚点则在陕西这一封疆重镇。换言之，为了增强和巩固西北、西南边疆的国防，维护这些地区的和平和安全，首先要建设好陕西这一国防重镇。

陕西地理位置的重要，唐代名将郭子仪曾有过精彩的论述："臣闻雍州之地，古称天府，右控陇蜀，左扼崤函，前有终南、太华之险，后有清渭浊流之固，神明之奥，王者所都。地方数千里，带甲十余万，兵强士勇，雄视八方，有利则出攻，无利而入守，此用武之国，非诸所同。秦汉因之，卒成帝业。其后或处之而泰，去之而亡，前史所书，不唯一姓。”雄才大略的清圣祖对这一点了解得特别清楚，因此屡次强调“秦省为天下要地”“秦省关系最重”“眷顾西陲，惟兹关陇之区，实切封疆之重”。不仅强调，而且要切实地把它建成“雄视八方”的“用武之国”，其中，首要的问题是“人心”的问题。清圣祖“用殚精禋”地对所过山川、圣哲祠域频频“遣修祀事”，旨在表明他这位大清帝国的最高封建统治者对于汉民族的人文祖先、圣哲贤达以及整个汉文化的认同和推崇态度，借以克服征服民族与被征服民族之间感情交流的障碍，证明两者之间有着共同的利益和维护此一利益的责任，因此彼此应当在皇帝的麾下团结一致，协同效命。理顺人心，也就建起了此一国防重镇的最坚固的防御“工事”。

清圣祖对陕西实行特优的经济政策，并且强调要民皆受惠，严惩贪官污吏，原因在于它的国防地位“关系最重”。这说明清圣祖是想通过济民扶贫、发展经济、改善民生的办法，竖立起此一国防重镇的“支柱”，“支柱”越牢靠，“堡垒”便越坚固。民生改善了，民力便足，民力越足，支柱的负重力越大，这是自然之理。

作为一个国防重镇，拥有一支训练有素、能攻善战的军队也是一个至关重要的问题。清圣祖的校射、阅兵，优抚老死，奖赏军功，无不旨在教育驻防军将士“无忘武备”，练好本领，以备一时之用。西安驻防军的良好素质很使皇帝意外，他与历巡江南、浙江、盛京、乌喇等处官兵相比之后，认为未有能及者，“尔处官兵俱娴礼节、重和睦、尚廉耻，且人材壮健，骑射精练，深可嘉尚，慎勿令其易变”。这固然是一个极高的评价，同时也可看作是皇帝心中的理想军队的具体形象。“慎勿令其易变”一语，尤其寄托了皇帝千日养兵、一时之用之厚望。

清圣祖亲政以后曾多次出巡，于江南，未有驻跸逾三日者，亲征噶尔丹到达宁夏，经理军务，驻跸亦不过十有余日，而这次巡陕却达半月之久，仅驻跸西安城内的时间即有七天，时间之长是空前的，活动之多而全面也是罕见的，这些都说明了他对陕西这一国防重镇建设的关注和重视，同时也是他经略西北、西南蒙藏地区急迫心情的反映。可以说，清圣祖的巡陕，已经取得了预期的成功，他和陕西军民的确是建立了一种较为和谐的关系，回銮之日，军民两次挽留，他亦两次决定“再留一日”。这件事也许可以证明这种“和谐关系”的存在。后来的事实亦证明，清圣祖对陕西这一国防重镇的经营建设不是徒劳无益的。康熙五十六年（1717），准噶尔部策妄阿喇布坦与西藏第巴桑结嘉措的残余势力相勾结，袭击拉萨，杀和硕特部的拉藏汗，虏其妻子，搜掠各寺庙的贵重器物，禁囚新立达赖喇嘛伊喜嘉措等，不仅动摇了清朝在西藏的统治，而且威胁到邻近各省的安全。清圣祖于是于次年命令西安将军额伦特率军数千赴援，军至藏境之黑河，为贼所困，全军覆亡。清圣祖总结了这次用兵的教训，重新组织了第二次进藏部队，其中的中路军即由陕、甘满汉官兵组成，此外又动员了青海蒙古汗、王、贝勒、台吉各率所部兵总一两万人参战，终于取得了平叛的胜利。这件事反过来验证了清圣祖把陕西作为其经略西北、西南蒙藏边疆的国防重镇来建设的意图。

◎第三节 敕建广仁寺

清圣祖于巡陕期间，除以上各项活动外，还曾敕令于西安城内建造了一座喇嘛庙，这就是至今存在的西安明城内西北角的广仁寺。

清圣祖在巡陕阅武的同时，周览西安城之地形，亲自选择了一块爽垲之高地，作为建造喇嘛寺的寺址，然后又诏令用这次西巡所携之经费之余款，作为建寺的费用。清圣祖自西安回銮之后，建寺工程即告开始，由于“厥工匪侈”，故仅用了一年的时间便工程告竣。至康熙四十四年十一月初一日，清圣祖为此寺撰写了一篇碑文，名为《御制广仁寺碑》，其真迹至今完好地保存在广仁寺内，碑铭全文如下：

御制广仁寺碑

朕存心天下，眷顾西陲，惟兹关陇之区，实切封疆之重。岁当癸未，特举时巡省，方设教训吏宁人，已责除租，行庆布德，引年赐帛，奖学兴贤，所过山川，圣哲祠域，遣修祀事，用殚精禋。凡所以裨邦政厚民生者，靡弗致其勤焉。又以运际承平，无忘武备，简稽将士，整饬戎行，发内帑之金钱，普军中之颁给，爰于演武之场，躬亲校射之典以建威，销萌之义有观德习礼之风。顾念久安长治，务在因俗宜民。若乾竺之传，言虽殊尚，而利济之道，指有同归。阅武之顷，周览地形，相其爽垲，命创招提，即大赍之余资，为双林之小筑，厥工匪侈，逾载告竣。斯后也，经营适协乎舆情，铢黍不烦夫民力，将使黄山岩岫，秀比灵山，渭水波涛，凝如定水，洪河浪息，渡法海之津梁，华岳云开，通耆阇之辙迹，五陵六郡之众回向香城，外蕃属国而遥群游净土，赍神光之常护，上以祝慈寿于无涯，助王化之遐宣；下以锡民庥于有永，其亦朕绥怀环宇、顺导烝黎之至意也欤。于是题广仁之额，标括三乘，书宝多之碑，昭垂奕叶云尔。

康熙四十四年十一月初一日

这通碑文不仅叙述了清圣祖巡陕的活动及其意义，同时也叙述了敕建广仁寺的经过、目的和意义。如前所述，遣修祀事、奖学兴贤、整饬戎行、演武建威之类旨在备战，而敕建广仁寺则是为了长治久安而采取的一项“因俗宜民”的政策，明白地说，就是利用宗教信仰做号召、做黏合剂，增进蒙古、藏民族的内向力和凝聚力。这是清圣祖对西北、西南蒙古、藏民族所采取的一项绥怀政策，也是其经营这些边疆地区的方略的有机组成部分。

自公元10世纪中期以后，藏族即开始信仰喇嘛教，自元朝开始，蒙古族也开始信仰喇嘛教，从此，蒙古、藏两个民族

康熙御制碑文

便有着一种“割不断，理还乱”的既密切又复杂的关系：作为征服民族的统治者，元廷开始把西藏纳入统一的多民族国家的版图，但在宗教信仰上，元朝统治者则始终虔诚地奉藏传佛教（喇嘛教）为国教，尊八思巴为国师。在共同的宗教信仰这一纽带联系下，蒙古、藏民族在某种程度上连成了一个整体，在许多事情上，唇齿相依，荣辱与共。

曾经臣服过蒙古统治者的东北女真族，深知蒙古、藏民族的这一层因缘关系，所以，自清太宗开始，便已注意将蒙藏问题采取“一揽子”的解决办法。清世祖继之，在颁给五世达赖喇嘛罗桑嘉措一枚金印的同时，也颁给了当时控制着西藏局势的蒙古和硕特部首领固始汗一枚金印。清圣祖当政之后，这种政策被一脉相承地继续执行着。而在蒙古、藏民族方面，也的确屡次表现出以共同的宗教信仰为前提、相互靠拢、投归清朝中央政府的现象。康熙二十七年（1688），喀尔喀蒙古遭噶尔丹突然袭击，诸部奔溃，欲就近投奔俄罗斯，后来请决于大喇嘛哲布尊丹巴呼图克图，呼图克图说：“俄罗斯素不奉佛，俗尚不同我辈，异言异服，殊非久安之计，莫若全部内徙，投诚大皇帝（清圣祖），可邀万年之福。”喀尔喀七旗听从其劝告，举族款塞内附。清廷也欣然给以妥当安置和保护。在藏族内部，情况更是如此，达赖和班禅是喇嘛教的首领，因而也是世俗政权的决策者和指挥者。达赖、班禅在藏族中具有极大的号召力。第巴桑结嘉措虽欲抗礼清廷，但也不得不处处打出达赖喇嘛的旗号，这也从另一个方面证明了宗教信仰的维系作用。这些历史经验无疑都是清圣祖制定其经略西北、西南蒙藏边疆政策的依据或参照。他继清世祖在北京为达赖五世建造了一座喇嘛庙——黄寺之后，又独运心台地在西安敕建第二座喇嘛庙——广仁寺，其修好于蒙古、藏民族的诚心昭然可见。清圣祖武略超群，武功卓著，他从不迂腐于道学家“厌武备，斥边功”的故习，但也屡次声明，能不动干戈而绥定天下，于国于民都是上策。《御制广仁寺碑》再次展示了他的这种胸怀。尽管他正在全力加强武备，但同时又坚持认为，国家的长治久安，关键仍在于执行“因俗宜民”的政策。由天竺国传入的佛教，虽然有汉传、藏传、南传之分，但其旨皆在利济群生，而汉、藏、蒙古等民族又都崇信它，所以，他要特意敕建这所寺院，并把它修建得跟天竺灵鹫山一样秀丽，以便吸引“五陵六郡之众回向香城，外藩属国而遥群游净土”，这样便可以上助王化，下锡民庥，不治而致治，无为而化有为，天下岂不就从此永远太平了！在此要特别强调指出的是，碑文虽有“天下”之言，实际上则侧重于西北、西南边疆；由于建的是一座喇嘛庙，因此，所因之“俗”自然是蒙古、藏民族特有的宗教信仰的风俗，所宜之“民”自然是蒙古、藏民族；所要取得的“久安长治”首先是蒙藏地区的久安长治，然后在此基础上争取整个国家的久安长治。这一政策是清朝自建国以后所一贯奉行的政策，个中的原因，后来的乾隆皇帝概括得最清楚不过了，他说：“盖中外黄教总司以此二人（指达赖与班禅），各部蒙古一心归之，兴黄教即所以安蒙古，所系非小，故不可不保护之。”清圣祖敕建西安喇嘛寺，广布仁慈，其用心昭然矣。

在赐额和御制碑铭的同时，康熙还御书“慈云西荫”四字匾赐寺。康熙自比“慈云”而赐“荫”于西陲，这又再次证明了他建寺于西安而用心在蒙藏地区此一本怀。

◎第四节　双林小筑——初落成之广仁寺

如上所述，广仁寺乃康熙帝于即位四十二年巡狩西安时用西巡余款、拨国库钱建造之“双林小筑”。“双林”者，即娑罗双树之林，释迦牟尼佛之入灭处，故亦被认为是往生净土之一。“小筑”指广仁寺寺宇，皇帝所住天阙广大无比，广仁寺在皇帝眼里，自然要大大“小”于皇宫了。“双林小筑”即指佛住之所，具言则为广仁寺。皇帝虽谓其“小筑”，实际情形则是寺域宽广，堂殿峥嵘，像设庄严。

眼下之广仁寺占地面积已经今非昔比。据僧俗回忆，过去之寺域，其南至玉祥门(今市总工会大楼以北)，其东距小北门不远，西、北两面以明城墙为界。据有关文史资料记载，寺院初建成时，共分前院、中院、东院三个院落。其中，前院最南有一照壁，约10米宽、5米高、1米厚，正中浮雕盘龙，底座浮雕十八罗汉像，神态各异，栩栩如生。照壁左右各有三根石柱，每根2.5米左右，名拴马桩，凡文武官员至寺，不分官位高低，均须于此下轿下马，任何人不得违规。又有铁质盘龙幡杆两根。从照壁画一条南北中轴线，照壁之后自南而北有木雕牌坊三道、左右钟鼓楼、可以容纳500人的经堂一座。中院基本上相当于现在的范围：五间山门（天王殿）之北，有三转五的前殿（大佛殿）及殿前左右（东西）偏殿、二殿（藏经殿）及殿前左右（东西）厢房、三殿（经堂）、寮房及香积厨组成四进院，总面积18亩，殿宇50余间。其中，一进院大佛殿三间，歇山卷棚顶；东西偏殿各三间，传统推山式建筑。二进院藏经殿三间带左右耳房各一间，推山卷棚顶；东西厢房各三间，传统推山式建筑。三进院经堂三间带东西耳房各一间，推山卷棚顶。四进院寮房九间，香积厨二间，合作一排，传统推山式建筑。

东院位于今寺院之东，后被占用作西安市围巾厂，原为达赖、班禅的行宫，主要建筑有静修殿，卧宿殿，诵经佛堂，随从经师、喇嘛止宿之寮房，还有斋堂、车库，总计200余间。

全寺房宇多达300余间，总占地百余亩。

寺院建筑的梁、枋等构件皆为木质，一律按清式建筑通例制作。枋心油漆彩绘，飞椽等重要而突出部位则点缀以藏文经文。朱红圆柱，黄色琉璃瓦，具有喇嘛教建筑特色，尤其是东院之行宫更是如此。

汉传佛教寺院的通式是，中轴线上的主要殿宇一般是自前而后逐级拔高，用心在突出宏大、壮丽的气势，广仁寺中院的建筑形势则迥异于汉地寺院，即中轴线上的殿堂等建筑是自前而后逐次降低：御碑亭最高，像昂首的龙头；碑亭两侧之水井像两只睁圆之龙眼；一殿、二殿、三殿则共同组成节状的龙身；两组偏殿则犹如四只龙爪；寮房与香积厨相连在中轴线上失衡，偏重于东面，犹如龙尾东摆。总体形象像一条昂首高瞩的卧龙。匠心独运，可见一斑。

寺院初建成时主要殿堂的像设庄严情况已不可考。至“文化大革命”以前，各殿堂供奉的佛像是：一进院大佛殿内供佛像三尊，中间为绿度母像，铜质镏金，庄严绝伦，造于唐代；左边为一髻天母像，木质，造于唐代；右边为巨光天母像，木质，造于唐代，据说自开元寺（位于今开元商场）移来的。

万年灯亭

东偏殿供三尊佛像，中为阿弥陀佛像，木质，明代造；左为毗卢像，后丢失，新中国成立后新造配置，泥质；右为药师佛像，亦丢失，新中国成立后新造配置，泥质。西偏殿供三像，中为阿弥陀佛，木质，唐代造；左释迦牟尼佛，铜质，印度造，朝代不明；右为伽蓝神，后丢失，新中国成立后新造补置。院庭当中设八卦灯楼一座，灯称万年灯，一次添油 108 斤，终年长明，昼夜不熄。二进院藏经殿中收藏康熙三十九年（1700）颁赐的《甘珠尔》藏文经藏 107 包及康熙四十五年（1706）三月十八日重修明版龙藏全藏（皆详见于后）。此外又供大小佛像十余尊，皆西藏所造。东厢房为招待室，西厢房为阅览室。三进院经堂是喇嘛诵经之所，内供大威德像，铜质，造像时间不明，像高三尺余。

寺宇之外，广仁寺于城外又有田产若干。

当时西安城内居民不多，地域较空旷，广仁寺尤其远离尘扰，加之周围树木茂盛，环境清幽，诚所谓“灵山”“香城”之区。

◎第五节　广仁寺别院——胜严禅院

人有别业，僧有别院。人之别业，子孙世代相守，僧之别院亦如此。别院又称下院，附属于某大寺之寺院是谓。广仁寺之别院名胜严寺（禅院）。康熙帝敕建广仁寺于西安城内西湖园，当时，胜严寺之住持为尚经巴喇嘛，因与广仁寺同宗，声气相投，遂以胜严寺并其所有地产率归广仁寺管理，托庇神庥。广仁寺自此世守其业，经收租税，用弘法教。清光绪二十年（1894）甲午四月，僧王恩铭撰《胜严寺并入广仁寺管理记》，刻石立碑，垂世至今。

胜严寺旧有碑铭称，此寺旧称敦煌寺，乃西晋永康年间（300—301）高僧竺法护住止译出《正法华经》之所。竺法护世居河西敦煌，俗称其为敦煌菩萨，因亦以“敦煌”名寺。按竺法护梵名竺昙摩罗刹，族出月支，世代居住于敦煌。法护8岁出家，事外国沙门竺高座为师，并以师之国籍为姓，一日诵经万言，过目不忘，天性纯懿，操行精苦，笃志好学，因此能博览六经，游心七籍。西晋武帝时（265—290），京邑虽崇寺庙图像，但葱岭之外的方等深经却未传入，法护于是发愤负起传经重任，随师至西域，游历诸国，学通36国语，并请得大量经籍，携归中夏，自泰始二年（266）至永嘉二年（308），共译出三藏典籍154部，其中的《正法华经》于永康年间（300—301）在长安青门外大寺译出。这100多部经分属般若经类、华严经类、宝积经类、大集经类、涅槃法华经类、大乘经集类、大乘律类、本生经类、西方撰述类等，西域当时流行的经典几乎都在其所译之列，从而为大乘佛教在中国的广泛传播奠定了基础。安公称法护为“众生之冥梯”，僧佑称经法广被中华乃“护之力”，这都说明了法护译经在中国佛教史上的重要地位。在长安佛教史上，法护则具有首创翻译之功。约于晋武帝末年（289），法护曾一度隐居深山，随后始于长安青门外立寺，精勤行道，大弘法教，自此德化遐布，声盖四远，史称“僧徒数千，咸所宗事”。永兴元年（304）冬十一月，晋惠帝西奔长安，关中扰乱，百姓流离，法护亦与门徒离开长安，避乱东下，至渑池病故，时年78岁。孙绰撰《道贤论》，以七僧比竹林七贤，以法护比山巨源，称“护公德居物宗，巨源位登论道，二公风德高远，足为流辈”。道安大师称誉法护之译经，谓“护公所出，若审得此公手目，纲领必正，凡所译经，虽不辩妙婉显，而宏远欣畅，特善无生，依慧不文，朴则近本”。法护之道德、学问、事业传美于后代皆如此类。可以这样说，竺法护乃长安佛教之首开风范者，敦煌寺亦是迄今有文字可考之长安最古老寺院。广仁寺与如此重要之寺院结下此等因缘，实乃一大荣耀之事。

《长安县志》称，敦煌寺至隋代时曾经重修过。金代皇统五年（1145）住持僧政公又重修。大定二年（1162），赠寺额曰“胜严禅院”，自此，敦煌寺又称胜严寺。明代正统间（1436—1449），住持僧了庵及其弟子性福再次修葺。成化十一年（1475），住持僧性慧、觉成又增修一次。大约在清初，胜严寺改由喇嘛住持。至广仁寺建成，寺院不仅仍然存在，而且拥有地产，“托庇”于广仁寺之后，殿宇、法事当有新的起色，故又逾200年而至光绪朝，寺院并地产（20亩）仍然存在，唯寺中原有之碑碣，因同治初之战乱而遗失，甚可痛惜。光绪二十年（1894）四月，僧王恩铭曾立碑（即《胜严寺并入广仁寺管理记》）记述寺院沿革并变为广仁寺别院事，碑称：“夫自晋以来，千有余载，其间沧桑几变，丛林名刹，毁于兵燹，化而为墟者不知凡几，而兹寺岿然存在，得与城南兴善、慈恩、荐福诸寺并留古迹……”以是知，敦煌寺虽有兴衰之变化，但并未或时毁夷过。直至 1949 年以后 1958 年以前，寺院尚存大殿三间，内供释迦牟尼佛塑像一尊。中伽蓝殿一大间，内奉关公、韦陀塑像。山门三间，东向。正殿后有一塔，砖表土心，高七级，内供木刻菩萨像一尊，高约三尺，同治兵乱，头被毁，后泥塑补之，全寺占地约九亩。寺北有一偏院，约占地二亩，中有东西厦房各三间，院中有广仁寺达喇嘛王玺禅师塔一座，系西藏式塔，高一丈五尺，塔南有王玺（即王恩铭）达喇嘛碑，寂园居士康寄遥撰文，广仁寺住持关符清立，立碑时间为民国二十四年十二月二十五日。其他碑碣有：《明教宗弘治元年重修碑记》《明弘治十六年重修碑记》。新中国成立前，寺内已无僧人，由达喇嘛王玺之俗家外甥杜氏兄弟住寺看守门户。

附录一：《胜严寺并入广仁寺管理记》

僧有别院，犹人之有别业也。别业即遥为之主者，未有不欲其子孙世世守之。推之别院，情岂有异哉！胜严寺者，广仁寺之别院也，距长安城18里，初名敦煌寺，盖晋永康时有敦煌高僧曾译《法华经》于此，因以名寺。至金大定二年，赐额曰胜严禅院，故又以胜严名。按县志及本寺碑记，隋时曾经重修，金皇统五年僧政公重建；明正统间僧了庵与徒性福继修；成化十一年，僧性惠、觉成增修。此皆记载之可考者。又邑人张宗器舍近寺地30亩为僧常供之产，经秦藩宗老正峰道人撰文勒石纪其事。洎清康熙四十四年敕建广仁寺于长安城内西湖园，斯时胜严寺住持喇嘛为尚经巴，同兹宗教，声气相关，遂以胜严寺并所有地产均归广仁寺管理。迄今200年，世守其业，经收租课，托庇神庥，用宏法教。唯寺中原有碑碣，于同治初遭花门之变，多已遗失，实堪痛惜。记曰：有其举之，弗敢废也。矧为佛所，凭依香火之梵宇乎。夫自晋以来，千有余载，其间沧桑几度，丛林名刹，毁于兵燹，化而为墟者不知凡几，而兹寺岿然存在，得与城南兴善、慈恩、荐福诸寺并留古迹，苟非神灵默佑，乌克臻此第虑。口事代谢，世运年湮，后之人或数典而忘祖，则前之典守者何能不为之昭示，以兹备考用。特历叙崖略，镌诸贞石，俾后来者知所守焉。庶斯寺香火可以永传不替。

大清光绪甲午年四月僧王恩铭。

附录二：竺法护传记及多种“经录”所载竺法护译经目录

按：据至今可考资料，可以认为，广仁寺下院胜严寺，即西安市西郊敦煌寺，乃是长安佛教存在至今最古之寺院。而敦煌寺之所以扬名于世，是因为西晋高僧竺法护（梵名竺昙摩罗察，察亦作刹）在此译出众多佛教经典，不仅首开长安佛典翻译之风气，而且在推动中国佛教的发展，特别是大乘佛教在中国传播、弘扬的事业中，贡献巨大。但是，有关敦煌寺的兴建时间、地点及竺法护的行状、事迹，特别是其译经内容、数目等，由于年代久远，又缺乏原始记载，所以众说纷纭，莫衷一是。为读者计，这里特附录了现存的齐梁时代高僧释僧祐的《出三藏记集》，梁代高僧释慧皎的《高僧传》、隋代法经的《众经目录》、费长房的《历代三宝纪》和唐代释智昇的《开元释教录》所收录的竺法护传记、译经目录，目的是尽量提供多一些历史资料，让大家有可能在诸多记述、评论中进行对照、比较、甄别，使自己的判断更加接近真实、真相。此外，这些资料，还有助于了解竺法护所译各种经典译出的时间、地点、助手及所译经典的属性、出处，等等。总而言之，对竺法护的身份、经历及其译经事业的意义了解得更多、更透，便会对长安佛教的重要性、对敦煌寺的重要性有更深刻的认识。是为附录的深衷。

◎一、《高僧传》本传

沙门竺昙摩罗察，晋言法护。其先月氏国人，本姓支氏，世居炖（敦）煌郡。年八岁出家事外国沙门竺高座为师，遂称竺姓（秦晋以前沙门多随师称姓，后因弥天道安遂总称释氏），诵经日万言，过目则能。而天性纯懿，操行精苦，笃志好学，万里寻师，是以博览六经，游心七籍。虽世务毁誉，未尝介抱。是时晋武之世，寺庙图像虽崇京邑，而方等深经蕴在葱外。护乃慨然发愤，志弘大道，遂随师至西域历游诸国。外国异言36种书，护皆遍学。贯综诂训，音义、字体无不备晓。遂大赍梵经还归东夏。自敦煌至长安，后到洛阳及往江左，沿路传译，写为晋文。起武帝太始二年景戌，至愍帝建兴元年癸酉，出光赞、般若等经175部。清信士聂承远及子道真、竺法首、陈士伦、孙伯虎、虞世雅等，皆共承护旨，执笔详校。而护孜孜所务，唯以弘通为业，终生写译，劳不告倦。经法所以广流东夏者，护之力也。末隐居深山。山有清涧，恒取澡漱。后有采薪者秽其水侧，俄顷而燥。护乃徘徊叹曰：“人之无德，遂使清泉辍流。水若永竭，真无以自给，正当移去耳。”言讫而泉流满涧。其幽诚所感皆此类也。故支遁为之像赞云：“护公澄寂，道德渊美，微吟穹谷，枯泉漱水邈矣。”护公天挺弘懿，濯足流沙，领拔玄致。后立寺于长安青门外，精勤行道。于是德化遐布，声盖四远。僧徒数千，咸共宗事。及晋惠西幸长安，关中萧条，百姓流移，护与门徒避地东下，至渑池遘疾而卒，春秋七十有八（护于怀、愍之世仍更出经。传云：惠帝西幸长安，护公避乱东出至渑池卒者或未然也。护世居敦煌而化道周洽，时人咸谓之敦煌菩萨也。众录或云月支菩萨，亦云天竺菩萨者，斯皆重其德，称美其号也。然法护者，此土翻名昙摩罗刹，西方梵称。而梁僧祐录及隋法经录内立为二人，云各别出经，小非详审也。今详检群录，护所出经多少不定，长房录中其数弥众。今细寻括，多是别生等经，有非护公所出，不可足为正译之数。今为实录故，总删之，如后所述。师子月佛本生经（或无本字，房等诸录云护公译，详文乃非。今为失译，编于秦录），法社经（世注为疑，曾见其本，是人所造，今编疑录），宝女问慧经、梵王变身经（上二经出大集），四自在神通经（出自在王经），金刚藏菩萨行经（出斩备经），光世音经（出正法华经）。宝日光明菩萨经（亦云宝日光明菩萨问莲华国相貌经，出悲华经），普首童真经（或作溥字，出普超经），随蓝本经、马王经、弥勒为女身经、摩调王经（随蓝等四经并出六度集），菩萨悔过法经（或无经字，出龙树十住论），人从所来经（亦云人所从来出人本欲生经），贫穷经、何苦经（贫穷等二经并出中阿含），七宝经（出增一阿含经），医王经、悉鞞梨天子诣佛说偈经、四种人经（医王等三经并出杂阿含），闲居经、总持经（或云佛心总持）、腹使经、蜜具经、杂赞经（闲居等五经并出生经），女人欲炽荒迷经、多闻经、寤意经（已上三经并出出曜经）。

◎二、《出三藏记集》卷第二之新集撰出经律论录第一

1. 竺法护（竺昙摩罗察）所译经

光赞经十卷（十七品，太康七年十一月二十五日出）

贤劫经七卷（旧录云贤劫三昧经，或云贤劫定意经，元康元年七月二十一日出）

正法华经十卷（二十七品，旧录云正法华经，或云方等正法华经，太康七年八月十日出）

普耀经八卷（三十品，安公云方等部，永嘉二年五月出）

大哀经七卷（二十八品，旧录云如来大哀经，元康元年七月七日出）

度世品经六卷（或云度世，或为五卷，元康元年四月十三日出）

密迹经五卷（或云密迹金刚力士经，或七卷，太康九年十月八日出）

持心经六卷（十七品，一名等御诸法，一名庄严佛法，旧录云持心梵天经，或云持心梵天所问经，太康七年三月十日出）

修行经七卷（二十七品，旧录云修行道地经，太康五年二月二十三日出）

渐备一切智经十卷（或五卷，元康七年十一月二十一日出）

生经五卷（或四卷）

海龙王经四卷（或三卷，太康六年七月十日出）

普超经四卷(一名阿阇世王品,安录亦云更出阿阇世王经，或为三卷，旧录云文殊普超三昧经，太康七年十二月二十七日出）

维摩鞊经一卷（一本云维摩鞊名解）

阿惟越致遮经四卷（太康五年十月十四日出）

严净佛土经二卷（旧录云文殊师利严净经，或云文殊佛土严净经）

阿耨达经二卷（一名弘道广显三昧经，旧录云阿耨达龙王经，或云阿耨达请佛经）

首楞严经二卷（异出首称阿难言）

无量寿经二卷（一名无量清净平等觉经）

宝藏经二卷（旧录云文殊师利宝藏经，或云文殊师利现宝藏，太始六年十月出）

宝结经二卷（一名菩萨净行经，旧录云宝结菩萨经，或云宝结菩萨所问经，永熙元年七月十四日出）

要集经二卷（或云诸佛要集经，天竺曰佛陀僧祇提）

佛升忉利天品经二卷

等集众德三昧经三卷（旧录云等集众德经，或云等集）

无尽意经四卷

离垢施女经一卷（大康十年十二月二日出）

郁迦长者经一卷（或云郁迦罗越问菩萨行经，即大郁迦经，或为二卷）

大净法门经一卷（建始元年三月二十六日出）

须真天子经二卷（泰始二年十一月出）

幻士仁贤经一卷（或云仁贤幻上经）

魔逆经一卷（太康十年十二月二日出）

济诸方等经一卷（或云济诸方等学经）

德光太子经一卷（或云赖吒和罗所问光德太子经，太始六年九月三十日出）

文殊师利净律经一卷（一本云净律经，太康十年四月八日出）

决总持经一卷

宝女经四卷（旧录云宝女三昧经，或云宝女问慧经，太康八年四月二十七日出）

如来兴显经四卷（一本云兴显如幻经，元康元年十二月二十五日出）

般舟三昧经二卷（安公录云更出般舟三昧经）

首意女经一卷（或云梵女首意经）

十二因缘经一卷

月明童子经一卷（一名月光童子经）

五十缘身行经一卷（旧录云菩萨缘身五十事经，或云菩萨行五十缘身经）

六十二见经一卷（或云梵网六十二见经）

四自侵经一卷（安公云出阿毗昙）

须摩经一卷（旧录云须摩提经，或云须摩提菩萨经）

随权女经二卷（出别录安录无）

方等泥洹经二卷（或云大般泥洹经，太始五年七月二十三日出）

大善权经二卷（或云慧上菩萨问大善权经，或云慧上菩萨经，或云善权方便经，或云善权方便所度无极经，太康六年六月十七日出）

无言童子经一卷（或云无言菩萨经）

温室经一卷（旧录云温室洗浴众僧经）

顶王经一卷（一名维鞊子问经，安公云出方等部，或云大方等顶王经）

圣法印经一卷（天竺名阿遮昙摩又图，安公云出杂阿含）

移山经一卷（旧录云力士移山经）

文殊师利五体悔过经一卷（旧录云文殊师利悔过）

持人菩萨经三卷，灭十方冥经一卷（元熙元年八月十四日出）

无思议孩童经一卷（旧录云孩童经，或云无思议光孩童菩萨经，或云无思议光经）

迦叶集结经一卷（旧录云迦叶结经）

弥勒成佛经一卷（与罗什所出异本）

舍利弗目连游诸国经一卷（或云舍利弗摩目揵连游诸四衢经）

琉璃王经一卷

奈女耆域经一卷（或云奈女经）

宝施女经一卷

宝罔童子经一卷（旧录云宝罔经）

顺权方便经二卷（一本云惟权方便经，旧录云顺权女经，一名转女身菩萨经）

五百弟子本起经一卷（旧录云五百弟子自说本末经，或云佛五百弟子自说本起经）

佛为菩萨五梦经一卷（旧录云佛五梦，或云太子五梦）

普门经一卷（一本云普门品，太康八年正月十一日出）

如幻三昧经二卷（旧录云三卷）

弥勒本愿经一卷（或云弥勒菩萨所问本愿经）

舍利弗悔过经一卷

胞胎经一卷（旧录云胞胎受身经）

十地经一卷（或云菩萨十地经）

摩目揵连本经一卷

太子慕魄经一卷

四不可得经一卷

菩萨悔过经一卷（或云菩萨悔过法，下注云出龙树十住论）

当来变经一卷

乳光经一卷

心明女梵志妇饭汁施经一卷（或云心明经）

大六向拜经一卷（旧录云六向拜经，或云威华长者六向拜经）

鸯掘摩经一卷（或云指鬘经，或云指髻经）

菩萨十住经一卷

摩调王经一卷（出六度集）

象出经一卷（一名无所希望经）

照明三昧经一卷

所欲致患经一卷

法没尽经一卷（或云空寂菩萨所问经）

菩萨斋法一卷（一名菩萨正斋经，一名持斋经）

独证自誓三昧经一卷（或云如来独证自誓三昧经）

过去佛分卫经一卷（旧录云过世佛分卫经）

五盖疑结失行经一卷（安公云不似护公出后记云，永宁二年四月十二日出）

阿差末经四卷（或云阿差末菩萨经，别录所载，安录先阙）

无极宝经一卷（别录所载，先阙安录，或云无极宝三昧经）

阿述达经一卷（别录所载，安录先阙，旧录云阿述达女经，或云阿阇王女阿术达菩萨经）

右九十五部凡二百六卷今并有其经

等目菩萨经二卷（别录所载，安录先阙）

闲居经一卷

更出小品七卷

总持经一卷（祐案出生经，或云佛心总持）

超日明经二卷

删维摩鞊经一卷（祐意谓先出维摩烦重，护删出逸偈也）

虎耳意经一卷

无忧施经一卷（一本云阿阇世女名无忧施）

五福施经一卷

楼炭经五卷（安公云出方等部）

勇伏定经二卷（安公云更出首楞严，元康元年四月九日出）

严净定经一卷（一名序世经）

慧明经一卷

迦叶本经一卷（或云大迦叶本）

光世音大势至受决经一卷

诸方佛名经一卷

目连上净居天经一卷

普首童经一卷

十方佛名一卷

三品修行经一卷（安公云近人合大修行经）

金益长者子经一卷

众祐经一卷

观行不移四事经一卷

小法没尽经一卷

四妇喻经一卷

庐夷亘经一卷

诸神咒经三卷

盧罗王经一卷

龙施经一卷

檀若经一卷

马王经一卷

普义经一卷

鹿母经一卷

给孤独明德经一卷（旧录云给孤独氏经）

龙王兄弟陀达诫王经一卷

劝化王经一卷

百佛名一卷

更出阿阇世王经二卷

殖众德本经一卷

沙门果证经一卷

龙施本起经一卷（旧录云龙施本经，或云龙施女经）

佛悔过经一卷

三转月明经一卷

解无常经一卷

胎藏经一卷

离垢盖经一卷

小郁迦经一卷

阿阇贳女经一卷

贾客经二卷

人所从来经一卷

戒罗云经一卷

雁王经一卷

十等藏经一卷

雁王五百雁俱经一卷

诫具经一卷

决道俗经一卷

猛施经一卷（旧录云猛施道地经）

城喻经一卷

耆阇崛山解一卷

譬喻三百首经二十五卷

比丘尼诫经一卷

诫王经一卷

三品悔过经一卷

菩萨斋法一卷（旧录云菩萨斋经，或云贤首菩萨斋经）

右六十四部凡一百一十六卷经今阙

合（上）二件，凡一百五十四部，合三百九卷。晋武帝时，沙门竺法护到西域得胡本还，自太始中至怀帝永嘉二年以前所译出。祐捃摭群录，遇护公所出更得四部，安录先阙。今条入录中。安公云：遭乱录散，小小错涉。故知今之所获，审是护出也。

超日明经二卷（旧录云超日明三昧经）

右一部，凡二卷。晋武帝时，沙门竺法护先译梵文，而辞义繁重，优婆塞聂承远整理文偈，删为二卷。

须真天子经二卷（或云须真天子问四事经，太始二年十一月八日出）

右一部二卷。晋武帝世天竺菩萨沙门昙摩罗察口授出，安文惠、白元信笔受。

2.《出三藏记集》卷第八正法华经记第六出经后记

太康七年八月十日，敦煌月支菩萨沙门法护，手执胡经，口宣出正法华经二十七品，授优婆塞聂承远、张仕明、张仲政共笔受。竺德成、竺文盛、严威伯续文，承赵叔初、张文龙、陈长玄等，共劝助欢喜，九月二日讫。天竺沙门竺力、龟兹居士帛元信共参校。元年二月六日重复。又元康元（年），长安孙伯虎以四月十五日写素解。

3.《出三藏记集》卷第十三竺法护传第七

竺法护，其先月支人也，世居敦煌郡。年八岁出家，事外国沙门高座为师。诵经日万言，过目则能。天性纯懿，操行精苦，笃志好学，万里寻师。是以博览六经，涉猎百家之言。虽世务毁誉，未常（尝）介于视听也。是时晋武帝之世，寺庙图像虽崇京邑，而方等深经蕴在西域。护乃慨然发愤，志弘大道，遂随师至西域，游历诸国。外国异言三十有六，书亦如之，护皆遍学，贯综古训，音义、字体无不备晓。遂大赍胡本，还归中夏。自敦煌至长安，沿路传译，写以晋文。所获大小乘经贤劫、大哀、法华、普耀等，凡一百四十九部。孜孜所务，唯以弘通为业，终身译写，劳不告倦。经法所以广流中华者，护之力也。护以晋武之末，隐居深山。山间有清涧，恒取澡漱。后有采薪者，秽慢其侧，水俄顷而熇。护乃徘徊叹曰："水若永竭，真无以自给，正当移去耳。"言终而泉流出满涧。其幽诚所感，皆此类也。后立寺于长安青门外，精勤行道，于是德化四布，声盖远近。僧徒千数，咸来宗奉。时有沙弥竺法乘者，八岁聪慧，依护为师。关中有甲族，欲奉大法，试护道德，伪往告急，求钱二十万。护未有答。乘年十三，侍在师侧，即语客曰："和上意已相许矣。"客退，乘曰："观此人神色非实求钱，将以观和上道德何如耳。"护曰："吾亦以为然。"明日，此客率其一宗百余口，诣护请受五戒，具谢求钱意。于是四方士庶闻风向集，宣隆佛化二十余年。后值惠帝西幸长安，关中萧条，百姓流移。护与门徒避地东下，至昆池遘疾卒，春秋七十有八。后孙兴公制道贤论，以天竺七僧方竹林七贤，以护比山巨源。其论云："护公德居物宗，巨源位登论道。二公风德高远，足为流辈。"其见美后代如此。初护于西域，得超日明经胡本，译出颇多繁重，时有信士聂承远，乃更详正文偈，删为二卷，今之所传经是也。承远明练有才理，笃志法务，护公出经，多参正焉。惠、怀之际，有沙门法炬者，不知何许人，译出楼炭经，炬与沙门法立共出法句喻及福田二经。法立又访得胡本，别译出百余首，未及缮写，会病卒；寻值永嘉扰乱，散灭不存。

◎三、《历代三宝纪》卷第六（译经西晋）竺法护所译经

（西晋）沙门竺法护二百一十部（三百九十四卷经戒），沙门强梁娄至 一部（一卷经），沙门安法钦五部（一十二卷经），沙门无罗叉一部（二十卷经），清信士聂承远三部（四卷经），沙门竺叔兰二部（五卷经），承远子清信士道真五十四部六十六卷经录目，沙门白法祖二十三部（二十五卷经），沙门释法立四部（一十三卷经），优婆塞卫士度一部（二卷经），沙门支敏度二部（一十三卷经），沙门释法炬一百三十二部（一百四十二卷经），沙门支法度四部（五卷经）。诸失译经八部（一十五卷经）。

（西晋）杂譬喻三百五十首，经二十五卷（见别录）

光赞般若经十卷（太康七年十一月二十五日出，十七品，或十五卷，见道安录）

新道行经十卷（太始年第二出，与汉世竺佛朔译旧道行全异，亦名小品出光赞般若）

渐备一切智德经十卷（元康七年出，是华严十地品，或五卷，见聂道真录）

闲居经十卷

正法华经十卷（太康七年出，清信士张士明、张仲正及法献等笔受，或七卷，见聂道真录。昙邃诵之，日一遍，遂感神请，九十日毕。施白马一匹，白羊五头，绢九十匹）

普曜经八卷（永嘉二年，于天水寺出，是第三译。沙门康殊、白法巨等笔受。与蜀普曜及智猛实云所出六卷者小异。见聂道真及古缘）

颰陀劫三昧经七卷

修经七卷（太康五年出，是第二译，与汉世安世高出六卷者少异，亦云道地经，见宝唱录）

大哀经七卷（元康元年出，或八卷，或六卷，是大集一品。见竺道祖晋世杂录）

贤劫经七卷（元康元年出，赵文龙笔受。或十卷，十三卷。旧录云永康年出。见聂道真录）

小品经七卷（太始四年三月四日译，是第二出，或八卷。见聂道真录。与旧道行经本同，文小异）

菩萨芸分陀利经六卷（太始元年译，见竺道祖晋世杂录）

持心经六卷（太康七年出，凡十七品。一名等御诸法经，一名持心梵天所问经，一名庄严佛法经，亦云持心梵天经。见旧录、聂道真录）

度世品经六卷（元康元年四月十三日出，是华严经世间品。

见聂道真录）

密迹金刚力士经五卷（太康元年十月八日出，或八卷，四卷。见支敏度及竺道晋世杂录）

楼炭经五卷（或六卷、八卷，是长阿含世记句，文小异。见聂道真录。道安云出方等部）

生经五卷（太康六年正月十九日译，或四卷。见聂道真录）

如来兴显经五卷（元康元年十二月二十五日出，是华严经如来性品，亦云兴显如幻经。见聂道真录）

阿差末经四卷（永嘉元年十二月一日译，是第二出，或五卷、七卷，出大集。或云阿差末菩萨经。见聂道真录及别录）

无尽意经四卷（太始元年第二出，与阿差末同本别译，出大集，见聂道真录。或五卷）

宝女经四卷（太康八年四月二十七日出，或三卷。亦云宝女三昧经，或云宝女问慧经。出大集。见聂道真录）

普超经四卷（太康七年出，第二译。与汉世支谶阿阇世王经本同别译。亦云普超三昧经，亦云文殊普超三昧经。见竺道祖杂录）

海龙王经四卷（太康六年七月出，或三卷。见聂道真录）

阿惟越致经四卷（或云阿惟越致遮经，或云不退转法轮经四卷，或云广博严净经六卷。四经同本别译。见聂道真录）

持人菩萨所问经三卷（或四卷。与持世经同本别译）

等集众德三昧经三卷（或云集一切福德三昧经，或二卷。见聂道真录）

超日明三昧经三卷（太始七年正月译，初出，或两卷。或直云超日明经。见聂道真录）

菩萨藏经三卷

诸神咒经三卷

宝髻菩萨所问经二卷（泰熙元年七月十四日出，［出］大集，一名菩萨净行经。旧录云宝髻经。见聂道真录）

须真天子经二卷（太始二年于长安青门内白马寺出，安文惠、白元信传语，聂承远、张玄伯、孙休达笔授。亦云问四事经。见竺道祖晋世杂录）

文殊师利佛土严净经二卷（泰熙元年出。或云严净佛土，或云佛土严净。见竺道祖晋世杂录）

弘道广显三昧经二卷（永嘉二年三月出。一云阿耨达，一云阿耨达请佛，一云金刚门定意。或无三昧字。凡四名，有十品。一本但有七品，少中三品；一本正有前五品。见聂道真录）

大般泥洹经二卷（太始五年七月三日出，亦云方等泥洹经。见聂道真录）

无量寿经二卷（永嘉二年正月二十一日译，是第四出。与吴世支谦、魏世康、僧铠、白延等出，本同文异。亦云无量清净平等觉经。见竺道祖晋世杂录）

首楞严经二卷（别有异出首楞严，云阿难言）

宝藏经二卷（太始六年出）

要集经二卷（亦云诸佛要集经）

般舟三昧经二卷（道安云更出般舟三昧经）

大善权经二卷（太康六年六月译，初出。亦云慧上菩萨问大善权经，或云慧上菩萨经，或会善权方便，或云方便所度无极，凡五名。见聂道真录）

顺权方便经二卷（亦云转女身菩萨经。亦云推权方便经。旧录云顺权女经。见聂道真录）

随权女经二卷（见别录，安录无）

如幻三昧经二卷（或三卷）

等目菩萨经二卷（或三卷）

勇伏定经二卷（元康元年四月九日出，是第四译。与支谶、支谦、白延等所出首楞严经本同，名异文少别。见聂真道录）

更出阿阇世王经二卷（第二出）

贾客经二卷

文殊师利现宝藏经二卷（亦云文殊师利佛土严净经）

佛升忉利天为母说法经二卷（太始年出。亦云佛升忉利天品经，见聂道真录）

仁王般若波罗蜜经一卷（或二卷，见晋世杂录）

普门品经一卷（太康八年正月出。见聂道真录）

月光童子经一卷（亦云月明童子经。与申日、兜失、利越等三经同本异译）

金刚藏菩萨行经一卷（元康七年于长安市西寺译，出华严第二十二卷）

大净法门经一卷（建兴元年十二月二十六日出。见聂道

真录）

离垢施女经一卷（太康十年二月二日出。见聂道真录。）

须摩提菩萨经一卷（亦云须摩提经，亦云须摩经。见聂道真及竺道祖等录）

龙施女经一卷（旧录云龙施本起经，第二出）

大方等顶王经一卷（初出。亦云顶王经，亦云维摩诘子问经，亦云善思童子经，凡四名。见支敏度录）

无所悕望经一卷（亦云象步经，亦云象腋经。见聂道真录）

魔逆经一卷（太康十年十二月二日出。见聂道真录）

济诸方等学经一卷（或无学字。见竺道祖晋世杂录）

菩萨行五十缘身经一卷（亦云五十缘身行经，亦云菩萨缘身五十事经。见竺道祖晋世杂录）

弥勒菩萨所问本愿经一卷（大安二年五月十七日译。一名弥勒菩萨本愿经，一名弥勒难经。见聂道真录及竺道祖录）

文殊师利净律经一卷（太康十年四月八日。护于洛阳白马寺遇西域沙门寂志诵出。经后尚有数品，悉忘，但宣忆者。聂道真笔受。见竺道祖录。一云净律经）

无思议孩童菩萨经一卷（一云不思议光所问经，亦云名无思议光经）

弥勒成佛经一卷（太安二年出。一名弥勒当来下生经。见聂道真录）

舍利弗目连游诸国经一卷（或云舍利弗摩诃目揵连游诸四

卫经）

琉璃王经一卷

宝施女经一卷（一名须摩提法律三昧经。见聂道真录）

佛为菩萨五梦经一卷（太安二年五月译。一名佛五梦，一名太子五梦，一名仙人五梦。见旧录及聂道真录）

摩诃目揵连本经一卷（一本有诃无揵字）

太子墓魄经一卷（第二出）

四不可得经一卷（见聂道真及正度等录）

菩萨悔过法经一卷（或无经字。下注云：出龙树十住论）

乳光经一卷（与犊子经本同译别）

心明女梵志妇饭汁施经一卷（亦直云心明经）

大六向拜经一卷（太安元年译。或云尸迦罗越六向拜经。或直云六向拜经。见支敏度及宝唱录）

鸯掘魔经一卷（一名指鬘经，或作鸯掘魔罗经。见聂道真录）

菩萨十住经一卷（与菩萨十地经大同小异）

摩调王经一卷（第二出。与吴世支谦译者大同小异。出六度集）

照明三昧经一卷

所欲致患经一卷（太安三年正月译。见聂道真及王宗等录）

法没尽经一卷（或作灭字。一云空寂菩萨所问经。第二译。与吴世支谦出者同）

菩萨斋法经一卷（或无经字。一名正斋，一名持斋，一名

贤首菩萨斋法）

独证自誓三昧经一卷（一名如来自誓三昧经）

过去佛分卫经一卷（或无过去。见旧录）

五盖疑结失行经一卷（永宁二年四月十二日出。见聂道真录）

总持经一卷（出生经。或云佛心总持经）

五福施经一卷（一名小乘毗尼方等经）

无忧施经一卷（阿阇世王女名）

无极宝三昧经一卷（永嘉元年三月三日译。见聂道真录及别录）

宝网童子经一卷（亦云宝网经。见聂道真录）

文殊师利悔过经一卷（初出。亦云文殊师利五体悔过经）

普法义经一卷（亦云普义经，第二译，与汉世安世高译者大同小异。见聂道真录）

灭十方冥经一卷（光熙元年八月十四日出。一本无灭字。见聂道真录）

菩萨十地经一卷（亦云十地经，亦云大方广经。出华严十地品）

温室洗浴众僧经一卷（一名温室经。见聂道真录）

赖吒和罗所问光德太子经一卷（太始六年九月三十日出。一名光德太子经。见竺道祖晋世杂录）

当来变经一卷（见聂道真录）

五百弟子自说本起经一卷（太安二年五月译。旧录云五百

弟子说本末经。见聂道真录）

师子月佛生经一卷（大安年译。见聂道真录）

迦叶结集传经一卷（或云结集戒经。见聂道真录）

柰女耆域经一卷（太安年出。一名柰女经。见聂道真录）

胞胎经一卷（太安二年八月一日译。或云胞胎受身经。见聂道真录）

维摩诘所说法门经一卷（太安二年四月一日译。是第三出。与汉世严佛调、吴世支谦出者大同小异。见聂道真录）

郁伽罗越问菩萨行经一卷（或云郁伽长者经，即大郁伽经。或二卷。是第三出。与魏世康僧铠、吴世支谦译本同，广略文异。见道安及支敏度等录）

幻士仁贤经一卷（见聂道真录）

决总持经一卷（一云决定总持经）

首意女经一卷（一云梵女首意经）

舍头谏经一卷（亦云大子二十八宿经，亦云虎耳意经。与摩登伽经同本异出。第二译。与汉世安世高所出者小异。见释道安录）

十二因缘经一卷（第三出。与汉世安世高出□。内典亦云贝多树下思惟十二因缘经）

六十二见经一卷（亦云梵网六十二见经。见竺道祖录）

四自侵经一卷

无言童子经一卷（或二卷。亦云无言菩萨经。出大集。见聂道真录）

圣法印经一卷（元康四年十二月五日于酒泉郡出。竺法首笔受。亦直云圣印经，亦云慧印经。道安云出杂阿含。见聂道真及宝唱录）

移山经一卷（旧录云力士移山经）

严净定经一卷（一名序世经）

慧明经一卷

大迦叶本经一卷

光世音大势至受决经一卷（元康年出。亦直云观世音受记经。见聂道真录）

诸方佛名功德经一卷

目连上净居天经一卷（一本无天字。出佛本行集经）

普首童真经一卷（见聂道真录）

十方佛名经一卷

三品修行经一卷（亦云三品悔过经。道安云近代人合大修行经）

金益长者子经一卷

众祐经一卷

观行不移四事经一卷

小法没尽经一卷

四妇喻经一卷

庐夷亘经一卷

盧罗王经一卷

檀若经一卷

龙施经一卷

马王经一卷

鹿母经一卷

给孤独明德经一卷（亦云给孤独氏经）

龙王兄弟施达试王经一卷

劝化王经一卷

百佛名经一卷（初出）

殖众德本经一卷

沙门果证经一卷

身观经一卷

医王经一卷

法观经一卷

意经一卷

降龙经一卷

应法经一卷

邪见经一卷

何苦经一卷

受岁经一卷

贫穷经一卷

灌腊经一卷（亦云般泥洹后四辈灌腊经）

密具经一卷（出生经）

悔过经一卷（亦云舍利弗悔过）

犯罪经一卷

法社经一卷（世注为疑）

杂赞经一卷

盂兰经一卷

分别经一卷

腹使经一卷（出生经）

苦应经一卷

闲居经一卷（出生经）

四种人经一卷

七宝经一卷

四未曾有经一卷（亦云四未有经）

八阳经一卷

三十二相因经一卷（或云菩萨三十二相经。见道安录）

四自在神通经一卷

佛悔过经一卷

三转月明经一卷

解无常经一卷

胎藏经一卷

离垢盖经一卷

小郁伽经一卷（与郁伽长者经不同）

阿阇贳女经一卷（建武元年出，第二译。与吴世支谦译者小异。亦名阿述达经，亦名阿阇世王女经，亦名阿述达菩萨经。见聂道真及支敏度录）

人所从来经一卷（亦云从所来）

惑罗云经一卷

雁王经一卷

十等藏经一卷

雁王五百雁俱经一卷

诫具经一卷

决道俗经一卷

猛施经一卷（亦云猛施道地经。见旧录）

城喻经一卷

诫王经一卷

菩萨斋经一卷（或云贤首菩萨斋经）

已上一百六十一部。三百三十五卷。并是旧录及三藏记）

多闻经一卷（以下四十八部四十八卷。并是见吴录、别录及晋世别录）

弥勒菩萨为女身经一卷（一本无菩萨字）

离睡经一卷（一本有眠字）

文殊师利菩萨经一卷

寤意经一卷

宝日光明菩萨经一卷（亦云宝日光菩萨问莲华国相貌经）

乐想经一卷　尊上经一卷

慈仁问八十种好经一卷（亦直云八十种好经。见道安录）

夫那罗经一卷

堕蓝本经一卷（见别录云。是果出维蓝）

贫女为国王夫人经一卷

宝女问慧经一卷（第二译。与吴世支谦出者同出四卷宝女经）

七女本经一卷（第二译。与吴世支谦出者同）

女人欲炽荒迷经一卷（出出曜经）

悉鞞梨天子诣佛说偈经一卷（出杂阿含）

梵王变身经一卷

光世音经一卷（出正法华经）

惟明二十偈一卷（第二出。与吴世支谦译者同）

三品悔过经一卷

耆阇崛山解一卷（见祐录）

比丘尼戒一卷（十诵本或有经字。与昙摩持所出小异）

众经录目一卷

右二百一十部。合三百九十四卷。

月支国沙门昙摩罗察，晋言法护，本姓支。历游西域，解三十六国语及书。从天竺国大赍梵本婆罗门经，来达玉门。因居敦煌，遂称竺氏。后到洛阳及往江左。起武帝世太始元年，至怀帝世永嘉二年。其间在所遇缘便译经，信士聂承远执笔助翻，卷轴最多。而高僧传唯云护出一百六十五部。僧祐出三藏集记止录一百五十四部三百九卷。其中释道安录又阙四部，祐足。安云：遭值乱世，录目星散，更相错涉，信有是焉。所以杂录及诸别记，多注竺法护出。故知今之所获，审是护公翻译不疑。故聂承远子道真与竺法首、陈士伦、孙伯虎、虞世等，前后并是笔受之人，已见别传，不复委载。又李廓录及杂别录。并云支菩萨译经六部一十六卷。僧祐录云，天竺菩萨译经，数同群录，唯名不同。而祐下注支菩萨共竺法护译。检上翻名昙无（摩）罗察，晋言即是法护。然支菩萨六部经目并入法护录中，支、竺姓乖，始末异耳。言菩萨者，盖美其号。究检群录，其支菩萨即竺法护，无别两人。出三藏记便成二举，小非详审。

◎四、隋法经《众经目录》

众经目录卷第一

大乘修多罗藏录第一（六分）合六百四十五部一千四百七十八卷（以下仅列法护所译经）

1. 众经一译一

合一百三十三部四百二十一卷，其中，竺法护所译有：

闲居经十卷（晋世沙门竺法护译）

等目菩萨所问三昧经三卷（或两卷，晋世竺法护译）

杂咒经三卷（晋世竺法护译）

诸佛要集经二卷（晋世竺法护译）

文殊师利佛土严净经二卷（晋永熙年竺法护于洛阳译）

般舟三昧经二卷（晋世竺法护译）

猛施经一卷（一名猛施道地经，晋世竺法护译）

太子慕魄经一卷（晋世竺法护译）

阿阇贳女经一卷（晋世竺法护译）

大净法门经一卷（晋世竺法护译）

须摩提菩萨经一卷（一名须摩提经，晋世竺法护译）

金益长者子经一卷（晋世竺法护译）

梵女首意经一卷（晋世竺法护译）

独证自誓三昧经一卷(一名如来自誓三昧经,晋世竺法护译)

灭十方冥经一卷（晋元熙年竺法护译）

离垢盖经一卷（晋世竺法护译）

菩萨十住经一卷（晋世竺法护译）

心明经一卷（晋世竺法护译）

慧明经一卷（晋世竺法护译）

严净定经一卷（一名序世经）（晋世竺法护译）

思议光菩萨所说经一卷（一名无思议光孩童菩萨经，晋世竺法护译）

佛说德光太子经一卷（一名赖吒问光德太子经，晋太始年竺法护译）

幻士仁贤经一卷（晋世竺法护译）

宝施女经一卷（一名须摩提法律三昧经，晋世竺法护译）

人所从来经一卷（晋世竺法护译）

众祐经一卷（晋世竺法护译）

三转月明经一卷（晋世竺法护译）

十等藏经一卷（晋世竺法护译）

魔逆经一卷（晋太康年竺法护译）

济诸方等学经一卷（晋世竺法护译）

菩萨行五十缘身经一卷（晋世竺法护译）

弥勒菩萨所问本愿经一卷（晋世竺法护译）

普首童经一卷（晋世竺法护译）

决道俗经一卷（晋世竺法护译）

照明三昧经一卷（晋世竺法护译）

宝网经一卷（一名宝网童子经）（晋世竺法护译）

殖众德本经一卷（晋世竺法护译）

鹿母经一卷（晋世竺法护译）

法没尽经一卷（一名空寂菩萨所问经，晋世竺法护译）

小法没尽经一卷（晋世竺法护译）

温室洗浴众僧经一卷（晋世竺法护译）

四不可得经一卷（晋世竺法护译）

过去佛分卫经一卷（晋世竺法护译）

2. 众经异译二（此分有二：一、大本异译；二、别品异译）

合一百九十五部五百三十卷，其中，竺法护所译经有：

正法华经七卷（晋太康年竺法护译）

贤劫经十卷（一云贤劫三昧经或七卷，晋元康年竺法护译）

海龙王经四卷（晋世竺法护译）

持人菩萨所问经三卷（晋世竺法护译）

弘道广显三昧经四卷（晋永嘉年竺法护译）

阿耨达龙王经二卷（一名阿耨请佛，晋世竺法护译）

普超三昧经四卷（晋太康年竺法护译）

等集众德三昧经二卷（或三卷，晋世竺法护译）

如幻三昧经三卷（或二卷，晋世竺法护译）

须真天子经二卷（晋太始年竺法护译）

无极宝三昧经一卷（晋永嘉年竺法护译）

上菩萨问大善权经二卷（晋太康年竺法护译）

文殊师利现宝藏经二卷（晋太始年竺法护译）

佛升忉利天为母说法经卷上（少下卷，晋太康年竺法护译）

超日明三昧经一卷（晋太始年竺法护译）

普门品经一卷（晋太康年竺法护译）

大方等顶王经一卷(一名维摩诘子问经，晋世沙门竺法护译）

无所悕望经一卷（一名象步经，晋世竺法护译）

决定总经一卷（晋世竺法护译）

乳光佛经一卷（晋世竺法护译）

犊子经一卷

光赞般若波罗蜜经十卷（晋太康年竺法护译）

不退转法轮经四卷

阿惟越致经三卷（或四卷，晋太康年竺法护译）

持心梵天所问经四卷（一名等御诸法，一名庄严佛法，或十卷）（晋太康年竺法护译）

佛说阿阇世王女阿术达菩萨经一卷（晋世竺法护译）

阿阇世女无忧施经一卷（晋世竺法护译）

顺权方便经二卷（一名转女身菩萨经，晋世竺法护译）

随权女经二卷（晋世竺法护译）

贝多树下思惟十二因缘经一卷（一名十二因缘经，晋世竺法护译）

龙施女经一卷（晋世竺法护译）

大方广菩萨十地经一卷（晋世竺法护译）

菩萨十地经一卷（晋世竺法护译）

□□施女经一卷（晋太康年竺法护译）

无垢施菩萨分别应辩经一卷（晋世竺法护译）

维摩诘经三卷（吴黄武年支谦译）

维摩诘经一卷（晋世竺法护译）

弥勒成佛经一卷（晋世竺法护译）

月光童子经一卷（一名月明童子经，晋世竺法护译）

郁伽罗越问菩萨行经一卷（晋世竺法护译）

新道行经十卷（一名新小品经或七卷，晋太始年竺法护译）

无量寿经二卷（晋元嘉年竺法护译）

首楞严经二卷（晋世竺法护译）

勇伏定经二卷（晋元康年竺法护译）

决道俗经一卷（晋世沙门竺法护译）

照明三昧经一卷（晋世沙门竺法护译）

宝网经一卷（一名宝网童子经，晋世沙门竺法护译）

殖众德本经一卷（晋世沙门竺法护译）

灭十方冥经一卷（晋元熙年沙门竺法护译）

慧明经（晋世沙门竺法护译）

严净定经一卷（一名序世经，晋世沙门竺法护译）

不思议光菩萨所说经一卷（一名无思议光孩童菩萨经，晋世沙门竺法护译）

佛说德光太子经一卷（一名赖吒问光德太子经，晋太始年沙门竺法护译）

幻士仁贤经一卷（晋世沙门竺法护译）

宝施女经一卷（一名须摩提法律三昧经，晋世沙门竺法护译）

人所从来经一卷（晋世沙门竺法护译）

众祐经一卷（晋世沙门竺法护译）

三转月明经一卷（晋世沙门竺法护译）

十等藏经一卷（晋世沙门竺法护译）

魔逆经一卷（晋太康年沙门竺法护译，济诸方等学经一卷）

菩萨行五十缘身经一卷（晋世沙门竺法护译）

弥勒菩萨所问本愿经一卷（晋世沙门竺法护译）

溥首童经一卷（晋世沙门竺法护译）

般舟三昧经二卷（晋世沙门竺法护译）

猛施经一卷（一名猛施道地经，晋世竺法护译）

太子慕魄经一卷（晋世沙门竺法护译）

阿阇世女经一卷、大净法门经一卷（晋世沙门竺法护译）

须摩提菩萨经一卷（一名须摩提经，晋世沙门竺法护译）

金益长者子经一卷

梵女首意经一卷（晋世沙门竺法护译）

独证自誓三昧经一卷（一名如来自誓三昧经，晋世沙门竺法护译）

众经目录卷第三

小乘修多罗藏录第二，合七百七十九部一千一百八十三卷，其中，竺法护所译有：

1. 众经一译一

合七十二部二百九十二卷：竺法护所译有：

生经五卷（晋世沙门竺法护译）

贾客经二卷（晋世竺法护译）

当来变经一卷（晋世竺法护译）

普义经一卷（晋世竺法护译）

㮈女耆域经一卷（晋世竺法护译）

沙门果证经一卷（晋世竺法护译）

马王经一卷（晋世竺法护译）

四部喻经一卷（晋世竺法护译）

雁王经一卷（晋世竺法护译）

雁王五百雁俱经一卷（晋世竺法护译）

戒罗云经一卷（晋世竺法护译）

给孤独明德经一卷（一名给孤独氏，晋世竺法护译）

辩意长者子所问经一卷(一名长者辩意经,魏太安年竺法护译)

胞胎经一卷（一名胞胎受身经，晋太安年竺法护译）

四自侵经一卷（晋世竺法护译）

五百弟子自说本起经一卷（晋太康年竺法护译）

大迦叶本经一卷（晋世竺法护译）

所欲致患经一卷（晋世竺法护译）

诫王经一卷（晋世竺法护译）

摩诃目连本经一卷（晋世竺法护译）

五福施经一卷（晋世竺法护译）

摩调王经一卷（晋世竺法护译）

观行不移四事经一卷（晋世竺法护译）

庐夷亘经一卷（晋世竺法护译）

瘟罗王经一卷（晋世竺法护译）

檀若经一卷（晋世竺法护译）

龙王兄弟陀达试王经一卷（晋世竺法护译）

劝化王经一卷（晋世竺法护译）

五盖疑结失行经一卷（晋永宁年竺法护译）

小郁迦经一卷（晋世竺法护译）

舍利弗目连游诸国经一卷(一名游诸四衢，晋世竺法护译）

目连上净居天经一卷（晋世竺法护译）

解无常经一卷（晋世竺法护译）

城喻经一卷（晋世竺法护译）

耆阇崛山解经一卷（晋世竺法护译）

2. 众经异译二（此分有二：一、大本异译；二、别品异译。）

合一百部二百七十卷，竺法护所译有：

修行经七卷（晋世竺法护译）

舍头谏经一卷（亦名太子二十八宿经，或名虎耳意经，晋永嘉年竺法护译）

普曜经八卷（晋永嘉年竺法护译）

流离王经一卷（晋世竺法护别译）

鸯崛髻经一卷（一名指髻经，晋世竺法护别译）

移山经一卷（一名力士移山经，晋世竺法护别译）

圣法印经一卷（晋元康年竺法护译）

右十六经并是杂阿含别品异译

楼炭经五卷（亦是世记经，晋世竺法护译）

大般泥洹经二卷（亦是游行经，晋世竺法护译）

大六向拜经一卷（一名威花长者六向拜经一名尸迦罗越六向拜经，晋世竺法护译）

梵罔六十二见经一卷（一名梵网经，晋世竺法护译）

总持经一卷（一名佛心持经，晋世竺法护译）

前一百经并是重译，或全本别翻，或割品殊译。然而世变风移，质文迭举，既无梵本校雠，自宜俱入定录

众经目录卷第五

大乘毗尼藏录第三（六分）

合四十八部八十二卷

众律一译一

合一十二部三十二卷，其中，竺法护所译有：

佛悔过经一卷（晋世沙门竺法护译）

菩萨悔过法经一卷（晋世竺法护译）

舍利弗悔过经一卷（一名悔过经，晋世竺法护译）

众律异译二

合七部七卷，竺法护所译有：

菩萨斋法一卷（一名正斋一名持斋，晋世竺法护译）

菩萨斋法一卷（一名贤首菩萨斋法，晋世竺法护译）

清净毗尼方广经一卷（晋世竺法护译）

文殊师利净律经一卷（晋世竺法护译）

前七律并是众律异译。

小乘毗尼藏录第四（六分）

合六十四部三百八十二卷

众律一译一

合一十六部一百九十九卷，其中，竺法护所译有：

三品悔过法一卷（晋世竺法护译）

诫具经一卷（晋世竺法护译）

众律异译二

合八部一百二十六卷其中，竺法护所译有：

比丘尼戒经一卷（晋世竺法护译）

众经目录卷第六

隋沙门法经等撰

佛灭度后撰集录第七二分（合一百四十四部六百二十七卷）

西方诸圣贤所撰集一

合五十部　一百二十二卷，其中，竺法护所译有：

删维摩诘经一卷（晋世竺法护译）

惟明二十偈一卷（晋世竺法护译）

杂譬喻三百五十首二十五卷（晋世竺法护译）

佛为菩萨五梦经一卷（一名佛五梦，一名大子五，晋世竺法护译）

三品修行经一卷（晋世竺法护译）

西域圣贤传记一

合一十三部三十卷，其中，竺法护所译有：

迦叶集经传二卷（一名迦叶结经，晋世竺法护译）

◎五、《开元释教录》20卷卷第二

西晋司马氏都洛阳（亦云北晋）

起武帝太始元年乙酉，至愍帝建兴四年景子，凡经四帝五十二年，缁素一十二人，所出经、戒、集等及新旧集失译诸经，总三百三十部合五百九十卷（于中一百五十六部三百二十一卷见在，一百七十七部二百六十九卷阙本）。西晋沙门竺法护（一百七十五部三百五十四卷经、戒、集），沙门强梁娄至（一部一卷集），沙门安法钦（五部一十六卷经集），沙门无罗叉（一部三十卷经），优婆塞竺叔兰（二部五卷经），沙门白法祖（一十六部一十八卷经），沙门释法立（四部一十二卷经集），沙门释法炬（四十部五十卷经律），清信士聂承远（二部三卷经），清信士聂道真（二十四部三十六卷经律），沙门支法度（四部五卷经），沙门若罗严（一部一卷经）

按：以下仅列竺法护所译经，包括新附及旧集的失译经五十八部五十九卷，其中五十五部五十六卷为新附，三部三卷为旧集：

光赞般若波罗蜜经十五卷（初出或十卷，与大般若第二会及放光大品并同本，亦云光赞摩诃般若经，凡二十七品，太康七年十一月二十五日出，见道安录及僧祐录）

密迹金刚力士经七卷（或五卷，或四卷，或八卷，太康元年十月八日出，亦直云密迹经，见支敏度、竺道祖及僧祐三录，今编入宝积当第三会）

菩萨说梦经二卷（见法上录，今编入宝积，当第四会，改名净居天子会。法上录云护公所出，详文乃非，且依上录为定）

宝髻菩萨所问经二卷（一名菩萨净行经，旧录直云宝髻经，是别译大集宝髻品，太熙元年七月十四日出，见道真、僧祐二录，今入宝积，当四十七会）

普门品经一卷（初出，亦云普门经，与宝积、文殊普门会等同本，太康八年正月十一日出，见聂道真录及僧祐录）

胞胎经一卷（旧录云胞胎受身经，太安二年八月一日出，与宝积、处胎会同本见聂道真录及僧祐录）

文殊师利佛土严净经二卷（或直云严净净土经，亦云佛土严净经，太熙元年译，初出，与宝积、文殊授记会等同本，见竺道祖晋世杂录及僧祐录）

郁迦罗越问菩萨行经一卷（或云郁伽长者经，即大郁伽经，或二卷，第四出，与安玄法镜及宝积郁伽长者会等同本，见道安、敏度、僧祐三录）

幻士仁贤经一卷（或云仁贤幻士经，初出，与宝积、授幻师记会同本，见聂道真录及僧祐录）

须摩提经一卷（初出，亦直云须摩提菩萨经，与宝积、妙慧会等同本，见聂道真、竺道祖、僧祐等三录）

阿阇贳王女阿术达菩萨经一卷（第二出，亦云阿阇贳女经，亦云阿述达女经，建武元年译，见真、敏、祐等三录，祐、房二录别存无忧施经，祐录更载阿阇贳王女经，二俱误也）

离垢施女经一卷（初出，太康十年十二月二日出，与宝积、无垢施会等同本，见道真、僧祐二录。内典录内更载无垢施应辩经者，误也。彼道真译如后所显）

如幻三昧经二卷（第二出，或三卷，或四卷，与宝积、善住、意会等同本，见僧祐录）

太子刷护经一卷（初出，见法上录，与宝积、阿阇世王子会等同本）

慧上菩萨问大善权经二卷（第二出，或一卷，太康六年六月十七日出，或云大善权经，或云慧上菩萨经，或云善权方便经，或云善权方便所度无极经，见真、祐二录）

弥勒菩萨所问本愿经一卷（初出，太安二年五月十一日译，或无所问二字，亦云弥勒本愿经，一名弥勒难经，与宝积、弥勒所问会等同本。见道真、道祖、僧祐三录）

阿差末经七卷（题云晋曰无尽意，或四卷，或五卷，出大集第三译，元嘉元年十一月一日出，或加菩萨字，见真、祐二录。祐、房二录重载无尽意经四卷，误也）

大哀经八卷（旧录云如来大哀经，元康元年七月七日出，八月二十三已讫，有二十八品，是大集初品别译，或六卷，或七卷，见竺道祖晋世杂录及僧祐录）

宝女所问经三卷（太康八年四月二十七日出，是大集宝女品异译，或四卷，亦直云宝女问慧经，亦云宝女三昧经。见道祖、僧祐二录）

无言童子经二卷（或云无言菩萨经，是大集无言品异译，或一卷，见聂道真录及僧祐录）

菩萨十住行道品一卷（是华严十住品异译，见隋沙门法经录祐、房二录直云菩萨十住，即此行道品是）

渐备一切智德经五卷（一名十住，又名大慧光三昧，或十卷，元康元年十一月二十一日出，是华严十地品异译，见聂道真及僧祐二录）

等目菩萨所问三昧经二卷（一名普贤菩萨定意，或直云等

目菩萨经，或三卷，是新华严十定品异译。旧经无此品。见僧祐录）

如来兴显经四卷（一名兴显如幻经，元康元年十二月二十五日出。是华严经如来性起品及十忍品异译。见聂道真及僧祐二录）

度世品经六卷（或云度世经，或五卷，元康元年四月十三日出，是华严离世间品异译。见聂道真、僧祐二录）

方等般泥洹经二卷（初出。与隋译四童子经同本。或无般字。或三卷。或云大般泥洹经。太始五年七月二十三日出。见道真、僧祐二录）

普曜经八卷（一名方等本起。安公云出方等部。永嘉二年五月于天水寺出，第二译。沙门康殊、白法巨等笔受。见古、真、祐三录）

正法华经十卷（或云方等正法华，或七卷二十七品，太康七年八月十日出，第三译。清信士张士明、张仲正、聂承远等笔受。见真、祐二录）

大方等顶王经一卷（初出。安公云出方等部。亦直云顶王经，一名维摩诘子问经，亦云善思童子经，凡四名。见支敏度录及僧祐录）

佛升忉利天为母说法经二卷（初出。或三卷。亦云佛升忉利天品经，与道神足经等同本。太始年出。见聂道真及僧祐录）

阿惟越致遮经三卷（初出。或四卷。或云阿惟越致经。太

康五年十月十四日于敦煌出，与不退转经、广博严净经同本异译。见真、祐二录）

等集众德三昧经三卷（初出。旧录云等集众德经，或直云等集经，与集一切福德经等同本，或二卷，见聂道真录及僧祐录）

持心梵天经四卷（一名庄严佛法，又名等御诸法，凡十七品，或六卷。初出。或加所问二字，或直云持心经。太康七年三月十日出，聂承远笔受。见旧、真、祐三录）

持人菩萨经四卷(初云持人菩萨所问阴种诸入以了道慧经，初出。或三卷。与持世经同本异出。见僧祐录）

济诸方等学经一卷（天竺萨和鞞日僧迦或无学字初出，与方广总持经同本。见竺道祖录及僧祐录）

文殊师利现宝藏经三卷（初出。或无现字。与方广宝箧经等同本。太始六年十月出。或二卷。亦直云宝藏经。见僧祐录。长房录中别载宝藏经二卷，误之甚也）

无极宝三昧经一卷（初出。或云无极宝经，与宝如来三昧同本。永嘉元年三月三日出。见别录及聂道真、僧祐二录）

普超三昧经三卷（第二出。或四卷。一名阿阇世王品。太康七年十二月二十七日出。或无三昧字，或上加文殊师利。安录云更出阿阇世王经。见祖、祐二录）

无所希望经一卷（第二出。或作悕字。一名象步经，与象腋经等同本。见聂道真录及僧祐录）

大净法门经一卷（题云大净法门品上金光首女所问溥首童真所开化经，初出。与大庄严法门经等同本。建兴元年十二月二十六日出。见聂道真及僧祐二录）

顺权方便经二卷（一名转女身菩萨经，或作惟权，旧录云顺权女经，亦云随权女经，第二出。或一卷。见道真、僧祐二录。祐、房二录别存随权女经，误也）

太子沐魄经一卷（第三出。六度集第四卷异译。或作暮魄。见僧祐录）

月光童子经一卷（初出。一名月明童子经，或名申日经，与德护长者经等同本。见僧祐录）

乳光佛经一卷（第二出。亦云乳光经，与犊子经等同本异出。见僧祐录）

无垢贤女经一卷（第二出。或名胎藏经，与转女身经等同本。见聂道真录。祐、房二录载胎藏经即此无垢贤女经是）

决定总经一卷（初出。或云决总持经，与谤佛经同本。见僧祐录）

如来独证自誓三昧经一卷（亦云搏证自誓三昧经，或云如来自誓三昧经。第二出。与汉安世高自誓三昧经同本。见僧祐录）

龙施菩萨本起经一卷（旧录云龙施本经，或云龙施女经。第二出。与龙施女经同本。见僧祐录）

八阳神咒经一卷（亦直云八阳经。第二出。与八吉祥咒经

等同本。见长房录）

盂兰盆经一卷（亦云盂兰经，与报恩奉盆经同本。见长房录）

四不可得经一卷（第二出。见聂道真、正度、僧祐等三录）

梵女首意经一卷（初出。一名首意女经。见僧祐录）

宝网经一卷（初出。亦云宝网童子经。见聂道真、僧祐二录）

菩萨行五十缘身经一卷（初出。旧录云菩萨缘身五十事经，亦云五十缘身行经。见竺道祖录及僧祐录）

须真天子经三卷（初出。或二卷，或加所问二字，亦云问四事经。太始三年十一月八日于长安青门外白马寺出。安文惠等传，聂承远等笔受，至十二月十三日讫。见道祖、僧祐二录）

海龙王经四卷（初出。或三卷。太康六年七月十日出。见聂道真录及僧祐录）

诸佛要集经二卷（天竺曰佛陀僧祇提，亦直云要集经。初出。见僧祐录）

贤劫经十三卷（题云飏陀劫三昧，晋曰贤劫定意经，永康元年七月二十一日出，赵文龙笔受。初出。或七卷，或十卷。见道真、僧祐二录。房等别存飏陀劫三昧经，误也）

弘道广显三昧经四卷（一名阿耨达龙王所问决诸狐疑清净品，亦名入金刚问定意经，凡十二品，或二卷，永嘉二年三月出。见真、祐二录，内典中别载阿耨达经，误也）

心明经一卷（一名心明女梵志妇饭汁施经，见僧祐录）

灭十方冥经一卷（光熙元年八月十四日出。或云十方灭冥经。见聂道真录及僧祐录）

鹿母经一卷（又别有鹿子经一卷，与此全同。见僧祐录）

魔逆经一卷（太康十年十二月二日于洛阳城西白马寺出。聂道真笔受。见僧祐录及经后记）

德光太子经一卷（或云赖吒和罗所问光德太子经，太始六年九月三十日出。见竺道祖录及僧祐录）

般泥洹后灌腊经一卷（或云般泥洹后四辈灌腊经，亦直云灌像经。见长房录）

四辈经一卷（或云四辈弟子经，亦云四辈学经，见法上录）

当来变经一卷（或云当来变识经。见道真、僧祐二录）

过去佛分卫经一卷（旧录云过世佛分卫经，见僧祐录）

文殊师利净律经一卷（初出。又直云净律经。太康十年四月八日于白马寺出。先遇西域寂志诵出经本，后尚有数品，其人忘，但宣忆者，道真笔授。见祖、祐二录）

文殊悔过经一卷（初出。或加师利字，亦云文殊五体悔过经。见僧祐录）

离睡经一卷（出中阿含第二十卷，异译见长房录）

受岁经一卷（出中阿含第二十三卷，初异译。见长房录）

乐想经一卷（出中阿含第二十六，异译，见长房录）

尊上经一卷（出中阿含第四十三，异译，见长房录）

意经一卷（出中阿含第四十五，异译。见长房录）

应法经一卷（亦出中阿含第四十五，异译，见长房录）

鸯崛摩经一卷（或作魔字，或云指髻经，或云指鬘经，出增一阿含第三十一，异译。见道真、僧祐二录）

力士移山经一卷（亦直云移山经，见僧祐录。出增一阿含第三十六，异译）

四未曾有法经一卷（或无法字，亦云四未有经。见长房录，亦出增一阿含第三十六，异译）

圣法印经一卷（天竺名阿遮昙摩文图，出杂阿含第三，或无法字，亦云慧印经。元康四年十二月五日于酒泉郡出，竺法首笔受。见道真、宝唱、僧祐三录）

舍头谏经一卷（题云舍头谏，晋曰太子二十八宿经，一名虎耳经，与摩登伽经等同本，第五出，与汉世高出者少异。见道安录。祐［录］云虎耳意经）

所欲致患经一卷（初出。太安三年正月译。见道真、王宗、僧祐三录）

璃王经一卷（第二出。或作流离。见僧祐录）

生经五卷（初出。或四卷。太康六年正月十九日出。有五十五经。见聂道真录及僧祐录）

分别经一卷（旧云与阿难分别经等同本者，非也，见长房录）

五百弟子自说本起经一卷（太安二年五月译，或云佛五百弟子自说本起。旧录云五百弟子自说本末经，亦云五百弟子本起经。见道真、僧祐二录。

大迦叶本经一卷（或云迦叶本经，见僧祐录）

四自侵经一卷（安康云出阿毗昙，见僧祐录）

身观经一卷（云出杂阿含，检无。见长房录）

修行道地经六经（初卷题云榆遮伽复弥经，晋曰修行道地。太康五年二月二十三日出。或七卷二十七品，第三出。亦直云修行经。见祐、唱二录）

法观经一卷（见长房录）

上见存

已下阙

新道行经十卷（亦名小品。或七卷。祐云更出小品。太始八年译，第四出，与旧道行等同本。房录更载小品七卷，误也。见祐、房二录。藏中者非此本，先阙）

仁王般若经一卷（或二卷，三十一纸，初出。房云见晋世杂录）

无量寿经二卷（一名无量清净平等觉经，永嘉二年正月二十一日出，第六译，与汉世高、支谶等所出本同，文异。见竺道祖录及僧祐录）

菩萨藏经三卷（初出。见长房录）

般舟三昧经二卷（安公录云更出般舟三昧经，第五出，见僧祐录）

菩萨十地经一卷（亦云大方广经，亦直云十地经，初出，见僧祐录）

萨芸芬陀利经六卷（太始元年译，见竺道祖晋世杂录，第

二出，隋录云萨昙芸者，恐误，祐录中无）

维摩诘所说法门经一卷（太安二年四月一日译，第四出，见聂道真录。祐录直云维摩诘经，祐录又有删维摩诘经。祐云意谓先出维摩繁重，护删出逸偈也）

闲居经一卷（与悲华经等同本异译，初出。见僧祐录）

更出阿阇世王经二卷（第四出。见僧祐录。若准安录，但有更出阿阇世王经，无普超三昧。祐、房二录双载二经，既梵本同，不合再出）

弥勒成佛经一卷（初出。一名弥勒当来下生经。太安二年出，一十七纸。见聂道真录及僧祐录）

十二因缘经一卷（第四出，亦云贝多树下思惟十二因缘。见僧祐录）

温室洗浴众僧经一卷（第二出。亦直云温室经。见聂道真录及僧祐录）

百佛名经一卷（初出。祐（录）无经字。见僧祐录）

光世音大势至受决经一卷（初出。元康年出。亦直云观世音受记经。见聂道真、僧祐二录）

□□勇伏定经二卷（安公云更出首楞严也，康元年四月九日出，聂承远笔受，第六译。见道真、僧祐二录。祐、房二录更载首楞严二卷者，误也）

无思议光孩童菩萨经一卷（亦云无思议孩童经，亦名无思议光经，旧录直云孩童经。初出。见僧祐录）

超日明三昧经二卷（太始七年正月译，初出，或三卷。或

直云超日明经。见聂道真录及僧祐录）

照明三昧经一卷（初出，见僧祐录）

惟明三十偈经一卷（或无经字。第二出。与吴代支谦出者本同。见长房录）

法没尽经一卷（或云空寂菩萨所问经，第二出，与支谦出者同本。或云法灭尽经，见僧祐录）

诸神咒经三卷（见僧祐录）

文殊师利菩萨经一卷（见长房录）

小郁伽经一卷（与大郁伽经不同。见僧祐录。或作迦字）

诸方佛名功德经一卷（祐无功德字。见僧祐、长房二录）

十方佛名经一卷（祐［录］无经字。见僧祐、长房二录）

慈仁问八十种好经一卷（或直云八十种好经。见道安录及长房录）

三十二相因缘经一卷（或云菩萨三十二相经。见道安录及长房录）

严净定经一卷（一名序世经见僧祐录）

宝施女经一卷（一名须摩提法律三昧。见僧祐录及道真录）

金益长者子经一卷（见僧祐录）

离垢盖经一卷（见僧祐录）

慧明经一卷（见僧祐录）

众祐经一卷（见僧祐录）

三转日明经一卷（祐录云月明，见僧祐录）

十等藏经一卷（见僧祐录）

决道俗经一卷（见僧祐录）

殖众德本经一卷（见僧祐录）

小法没尽经一卷（见僧祐录）

猛施经一卷（旧录云猛施道地经，见僧祐录）

目连上净居天经一卷（一本无天字。房云出佛本行集经。见僧祐录）

菩萨斋法经一卷（或无经字，或无法字。一名菩萨正斋经，一名持斋经，一名贤首菩萨斋法经，初出。见僧祐、长房二录。别载菩萨斋经，误也）

舍利弗悔过经一卷（第二出。亦直云悔过经，僧祐录）

佛悔过经一卷（见僧祐录）

大六向拜经一卷（旧录无大字。太安元年译。或云尸迦罗越六向拜经，出长阿含第十一，异译。见支敏度、僧祐、宝唱三录）

六十二见经一卷（亦云梵网六十二见经。见道祖、僧祐二录。出长阿含第十四，异译）

楼炭经六卷（或五卷，或八卷，初出。是长阿含第四分记世经异译。见聂道真录及僧祐录。安公云出方等部者，不然也。）

普法义经一卷（亦云普义经，第二出。与汉代世高出者大同小异。见聂道真录及僧祐录）

舍利弗目连游诸国经一卷（或云舍利弗摩目建连游诸四衢经，出增一阿含第四十一，异译。见僧祐录）

捺女耆域经一卷（或云捺女经，太安年译第二出。见聂道

真录及僧祐录）

七女本经一卷（或云奈女经，太安年译，第二出。见聂道真录及僧祐录）

五盖疑结失行经一卷（永宁二年四月十二日出，第一译。安公云不似护公出。见聂道真录及僧祐录）

佛为菩萨五梦经一卷（太安二年五月译，第二出。一名佛五梦经，一名太子五梦经，一名仙人五梦经，见旧录及道真、僧祐二录）

摩目揵连本经一卷（一名有诃字、无揵字。见僧祐录）

五福施经一卷（见僧祐录）

观行不移四事经一卷（见僧祐录）

四妇喻经一卷（见僧祐录）

庐夷亘经一卷（见僧祐录）

盧罗王经一卷（见僧祐录）

檀若经一卷（见僧祐录）

龙施经一卷（今疑是龙施菩萨本起经。见僧祐录）

给孤独明德经一卷（旧录给孤独氏经。见僧祐录）

龙王兄弟陀达诚王经一卷（见僧祐录）

劝化王经一卷（见僧祐录）

雁王经一卷（见僧祐录）

雁王五百雁俱经一卷（见僧祐录）

解无常经一卷（见僧祐录）

城喻经一卷（见僧祐录）

降龙经一卷（见长房录）

邪法经一卷（见长房录）

犯罪经一卷（见长房录）

苦应经一卷（见长房录）

三品修行经一卷（亦云三品悔过经，安公云近代人合大修行经，见僧祐、长房二录。别存三品悔过经，误也）

夫那罗经一卷（见长房录）

贾客经二卷（见僧祐录），沙门果证经一卷（见僧祐录，今疑与寂志果经同本）

贫女为国王夫人经一卷（见长房录）

诫王经一卷（见僧祐录）

诫具经一卷（见僧祐录）

诫罗云经一卷（见僧祐录）

比丘尼戒一卷（祐云比丘尼戒经，出十诵律，与昙摩持所出少异，初出。见僧祐录）

迦叶结集传经一卷（或无传字。旧录云迦叶结经，或云结集戒经。祐云迦叶集结经。第二出。见道真、僧祐二录）

耆阇崛山解一卷（见僧祐录）

杂譬喻三百五十首经二十五卷（祐云譬喻三百首经，见僧祐录房云见别录）

右一百七十五部三百五十四卷（法观经上九十一部二百八卷见在）

沙门竺昙摩罗察，晋言法护。其先月氏国人，本姓支氏，世居敦煌郡。年八岁出家，事外国沙门竺高座为师，遂称竺姓（秦晋以前沙门多随师称姓，后因弥天道安，遂总称释氏）。诵经日万言，过目则能。而天性纯懿，操行精苦。笃志好学，万里寻师。是以博览六经，游心七籍。虽世务毁誉，未尝介抱。是时晋武之世，寺庙图像虽崇京邑，而方等深经蕴在葱外。护乃慨然发愤，志弘大道，遂随师至西域，历游诸国。外国异言三十六种书，护皆遍学。贯综诂训，音义、字体，无不备晓。遂大赍梵经还归东夏，自敦煌至长安。后到洛阳，及往江左。沿路传译，写为晋文。起武帝太始二年景戌，至愍帝建兴元年癸酉，出光赞般若等经一百七十五部。清信士聂承远、及子道真、竺法首、陈士伦、孙伯虎、虞世雅等，皆共承护旨，执笔详校。而护孜孜所务，唯以弘通为业，终生写译，劳不告倦。经法所以广流东夏者，护之力也。末隐居深山，山有清涧，恒取澡漱。后有采薪者，秽其水侧，俄顷而燥。护乃徘徊叹曰："人之无德，遂使清泉辍流。水若永竭，真无以自给，正当移去耳。"言讫而泉流满涧。其幽诚所感，皆此类也。故支遁为之像赞云："护公澄寂，道德渊美。微吟穹谷，枯泉漱水邈矣。"护公天挺弘懿，濯足流沙，领拔玄致。后立寺于长安青门外，精勤行道，于是德化遐布，声盖四远。僧徒数千，咸共宗事。及晋惠西幸长安，关中萧条，百姓流移，护与门徒避地东下，至渑池，遘疾而卒。春秋七十有八（护于怀、愍之世仍更出经，传云：惠帝西幸长安，护公避乱东出，至渑池卒者，或未然也。护世居敦煌而化道周洽，时人咸谓之敦煌菩萨也。众录或云月支菩萨。亦云天竺菩萨者。斯皆重其德称美其号也。然法护者，此土翻名。昙摩罗刹，西方梵称。而梁僧祐录及隋法经录内立为二人，云各别出经，小非详审也。今详检群录，护所出经多少不定。长房录中其数弥众。今细寻括，多是别生等经，有非护公所出，不可足为正译之数。今为实录故，总删之，如后所述）。

师子月佛本生经（或无本字，房等诸录云护公译，详文乃非，今为失译，编于秦录）

社经（世注为疑，曾见其本，是人所造，今编疑录）

宝女问慧经、梵王变身经（上二经出大集）

四自在神通经（出自在王经）

金刚藏菩萨行经（出斩备经）

光世音经（出正法华经）

宝日光明菩萨经（亦云宝日光明菩萨问莲华国相貌经，出悲华经）

普首童真经（或作溥字，出普超经）

随蓝本经、马王经、弥勒为女身经、摩调王经（随蓝等四经并出六度集）

菩萨悔过法经（或无经字，出龙树十住论）

人从所来经（亦云人所从来出人本欲生经）

贫穷经、何苦经（贫穷等二经并出中阿含）

七宝经（出增—阿含经）

医王经、悉鞞梨天子诣佛说偈经、四种人经（医王等三经

并出杂阿含）

闲居经、总持经（或云佛心总持）、腹使经，蜜具经、杂赞经（闲居等五经并出生经）

女人欲炽荒迷经、多闻经、寤意经（已上三经并出出曜经）

宝女下二十七经，并是别生抄经，从大部出，今并删之。

众经目录一卷（护公自撰，非梵本翻叙，目录中列此，不复存也）

十二游经一卷（初出）

第五章 广仁寺的法脉源头

◎第一节 宗喀巴与格鲁派的创立

格鲁派是在宗喀巴进行“宗教改革”以后建立起来的一个新教派。“宗教改革”的进行和格鲁派的建立，是西藏社会进一步发展，教内矛盾与社会矛盾进一步激化的结果。一方面，当13、14世纪之际，西藏封建社会获得了进一步的发展，一些佛教宗派也因此而发展起来。此一形势助长了宗教集团内部滋生颓废现象，上层僧人倚仗政、教和经济特权，聚敛财富，追逐私利，戒律废弛，六根不净，乃至于荒淫无度，无恶不作。这些作为，既受到了广大信徒的强烈反对，使喇嘛教失去了号召力，同时也不能再为封建统治阶级起到治心的作用，从而失去了他们的欢心。于是，从宗教内部和封建统治阶级这两个方面都发出了改革旧的教派的强烈呼吁。正当其时，宗喀巴已经博通显密经义，学有独到，成了当时藏传佛教界的著名人士，具有很大的号召力。他挑起了改革教内流弊的担子。

宗喀巴，法号罗桑扎巴，意为“善慧称”，有“文殊菩萨化身”“世界第二佛陀”之美称。公元1357年（元至正十七年）10月10日，宗喀巴出生于青海省安多宗喀地区，即今青海省塔尔寺之地，是河湟龙本部族俄西朗珠家族族人龙本格的第四子。母亲名香萨阿曲，慈祥和蔼，六根清净，对宗喀巴熏陶颇深。宗喀巴童稚之年即好垒沙为塔。7岁出家，拜端智仁钦、宣努相曲二人为师，二师为其授沙弥戒并起法号。此后从师学习显、密经典和仪轨。16岁时进藏深造，一路上虚心参访名师，止贡、聂塘、德哇坚、桑浦、桑达、夏鲁、萨迦、昂仁、觉摩隆、纳塘、布达拉、贡塘等地均留下了他刻苦求法学习的身影，在各地寺院参与辩经，推崇《现观庄严论》并以之立宗答辩，提倡通过辩经的方式、手段，达到互相学习、取长补短、解疑释难、加深对经义的理解的目的，从此逐渐形成格鲁派的研习优良风气和传统。除了对显、密经典的学习外，宗喀巴还努力向著名藏族医官如贡却等学习藏医，乃至印度医学及技艺。公元1385年（明洪武十八年），宗喀巴28岁，在雅隆地区的南杰拉康寺从慈诚仁钦受比丘戒。在学通显教宗义之后，又多方求学密乘教法，先后研习《吉祥密集根本续》《明灯论》《密意悬记释》《次第建立》《胜乐根本续》《喜金刚第二品》《那若法门广释》《瑜伽六支指南》等本论及释论，终于成为一位精通密法理论及结坛法、修习仪轨、手印法的密教大家。公元1397年（明永乐七年），宗喀巴40岁，他在门喀扎西东寺首创转法轮（即讲经）法会，为3000多僧人讲经说法，为推广佛法开辟了一条新路。宗喀巴的著述丰富，多达170多卷册，堪称代表作的有《菩提道次第广论》《密宗道次第广论》及《中论广释》。他的学说是将萨迦派仁达哇·循努洛哲的中观思想与印度大乘佛教祖师龙树的中观论及法护、月称等中观学说融会贯通，或者说集其大成，从而奠定了格鲁派"缘起性空论"的理论基础。公元1409年，宗喀巴42岁，在阐化王扎巴坚赞支持下，于正月在拉萨大昭寺主持了盛况空前的祈愿大法会，参与法会者有各派僧众万余人，信众数万人。法会时间延续了半个月（初一至十五日）。也就在这一年，宗喀巴主持修建并亲自担任寺主(大法台)的噶丹寺宣告落成，这是黄教格鲁派在西藏的第一座寺院。这两件事标志着以宗喀巴为教主的格鲁派正式创立。随着宗喀巴的影响日益扩大，广大僧俗开始以他的出生地"宗喀"和藏语"人"的代词"巴"合称这位格鲁派的教主。明永乐六年（1408）、永乐十二年（1414），明成祖两次遣使迎宗喀巴进京，宗喀巴因事婉谢，只是于永乐十三年（1415）、永乐十九年（1421）派其弟子贤钦曲杰释迦益西赴京朝觐皇帝（《释氏稽古略》作永乐五年、永乐十八年），格鲁派与明廷正式建立关系。公元1416年和1419年，宗喀巴的弟子嘉央曲杰扎西贝丹、贤钦曲杰释迦益西分别建成哲蚌寺（位于拉萨西郊）、色拉寺（位于拉萨北郊），与噶丹寺合称“格鲁派三大寺”。这不仅说明了格鲁派已经深深地扎了根，而且获得了巨大发展，不仅在西藏，而且在青海、甘肃、四川、云南、蒙古等地都产生了巨大的影响。正是在这个时候，宗喀巴圆寂，时当明永乐十七年（1419）十月二十五日。

宗喀巴的宗教改革包括以下几个方面：

首先是大力提倡守戒持律。藏传佛教历史上曾有过这样的情况：重视戒律的高僧班智达头戴黄帽，宗喀巴据此也改戴黄色桃形通人冠僧帽，树起历史的旗帜为改革开道。随后到处广说戒律，强调僧人持律守戒的必要，撰写有关论疏，诸如《菩萨戒品释》《侍师五十颂释》《密宗十四根本戒释》等。同时又根据西藏喇嘛教的实际情况，以大乘戒代替小乘的比丘戒。通过这些工作，既说明了持律守戒的重要性，又使戒律变得切实可行。严格遵守戒律成了宗喀巴宗教改革最显著的特点，同时也是后来所创立的新派黄教的最显著特点。

其次是为创立新派建立自己的思想体系。为此，宗喀巴及其弟子为许多显、密经论进行了疏释，并创立讲经法会，进行讲说，其中最重要的两部著作，一是《菩提道次第广论》，二是《密宗道次第广论》，分别表达了他对显教、密教的看法，也就是对整个佛教的看法，因此也就是他自己的思想体系。

宗喀巴在这两书中强调，在持律守戒的基础上，僧人必须先通显教，然后进而学密教；显教人人都可以学，但密法则只有少数合格考取“格西”的人才可以学。《现观庄严论》《入中论》《量释论》《戒经》《俱舍论》分别为佛教史上不同发展阶段反映不同方面内容的几部论，为学显教者之必读书。学密法时必须遵循一定程序，系统地学习四部密续经典的疏释，在“修行”中进行验证，不能违反次序，不能专修某一密法，同时还必须严守戒律，以观想为重，不许实际接触女人，不主张奇特供物。进入上下密院修习期间，必须接受严格的管理监督。如此培养出来的喇嘛，既显密兼通，又遵规蹈矩，佛教，特别是密宗的威信重新得以恢复。再次是建立弘法的中心寺院如甘丹寺、哲蚌寺、色拉寺以及后来的扎什伦布寺，这些寺院都是宗喀巴及其弟子宣传新派教法的根据地。公元1409年，宗喀巴在拉萨召集并主持了一个大型的祈愿法会，会后，帕竹地方政权中的贵族又在拉萨东北数十公里处为宗喀巴建立了一座寺院，命名噶丹寺，作为其活动的基地。这两件事说明了宗喀巴已经成为名副其实的藏传佛教界公认的领袖，他和他的弟子们已经以独立者的姿态出现在其他教派面前。因此，人们把这一年定为宗喀巴新派格鲁派正式创建的时间。宗喀巴的改革活动由于得到世俗封建势力，特别是帕竹地方政权的大力支持，因此进行顺利。宗喀巴在改革进程中，曾通过隐语诗宣称他直接继承了噶当派祖师阿底峡的真传，加之他本人就曾经学习过噶当派的法门，无论是思想还是著作都和噶当派有着密切的关系，乃至于人们称他的派系为新噶当派。所以，当格鲁派成立后，组织涣散的、数量众多的噶当派僧众和寺院便纷纷改宗归依。这样，格鲁派的势力便很快壮大起来，并在以后演变成达赖喇嘛和班禅喇嘛两个活佛转世系统，掌握了西藏的政教大权。

宗喀巴出生于今青海省湟中鲁沙尔镇，入寂后，当地僧人为纪念他而于1560年在此创建寺院，屡经扩建而成为今日的塔尔寺。塔尔寺之得名，则源于寺内宗喀巴的大银塔。因此缘故，塔尔寺向来以弘扬格鲁派学说为其法门宗旨，并因此而成为本派六大寺院之一。清圣祖敕建的西安广仁寺，其宗旨在于以黄教作为统驭的手段，其第一批住寺僧人也来自塔尔寺，后来又先后有十三世达赖喇嘛土登嘉措、九世班禅额尔德尼·曲结尼玛以及十四世达赖喇嘛丹登嘉措、十世班禅额尔德尼·确吉坚赞、喜饶嘉措大师、拉卜楞寺活佛嘉木央哥等人都曾至寺说法、坐床、视察。这些情况都一并说明广仁寺的法脉源头在宗喀巴及其创立的格鲁派，换言之，广仁寺是喇嘛教（黄教）的一所寺院。

◎第二节　广仁寺对格鲁派的继承和弘扬

广仁寺既然属于喇嘛教的一座寺院，法脉源头在宗喀巴，那么，就其大体而言，它的法门和清规仪轨也应该与格鲁派相同。

格鲁派的教义核心是“缘起性空说”。这一理论实即印度龙树首先阐述的中观学说，后由莲花生传入西藏，米拉日巴继承弘扬，至宗喀巴始著《缘起赞》发扬光大。此说认为，无明起烦恼，掌握缘起性空的真理即可除无明断烦恼。所谓“缘起”即“待缘而起”，换言之，即一切诸法皆由因缘和合而生。以是故，一切诸法皆空无自性，简称为“性空”。性空是从诸法的终极和绝对意义上说的，诸法既无实体，又无自性，故谓之“空”；但从相对意义上讲，诸法待缘而起则是不可否认的“存在”，这种“存在”被称作“有”。空非真空，仅指物无实体、无自性而言；有非实有，缘聚法有，缘散法无，故“有”属“假有”。如此看待世间事物（诸法）的观点就是中观学说或中道论。除推崇中观学说之外，格鲁派与其他佛教派别一样，也承认乃至于强调“因果报应”的说教。

在修行方法上，格鲁派主张止住修、观察修并举，不偏不废，相辅相益。所谓止住修，实质上即入定修，即使心止于一境，不思不虑。所谓观察修即在观察事物的同时，开动脑筋，进行积极的思维。格鲁派把观察修的直观的认识、鉴别称为“现量”，把由“已知”测知未知的推理称作“比量”。把两者结合起来即构成观察修的全过程和全部内容。修习止观要有一定的程序、次第和方法，要做到相互配合、动静交替。

西藏前弘期佛教与格鲁派创立前的后弘期佛教所持守的戒律，基本上和汉地佛教的戒律相同，都属于小乘戒律。如前所述，历史发展至14世纪后期，藏传佛教各派借口学习大乘教的僧人不能受小乘教的比丘戒约束，不再重视守戒持律，而聚敛财富，追逐名利，酗酒淫乐，横行市井，普遍地存在着僧人腐化、戒律废弛的颓废萎靡现象。为了振兴佛教，宗喀巴以重振纲纪，严肃戒律为突破口，在宗教内部实行了一系列重要改革。在戒律方面，改讲大乘律。自此之后，藏传佛教，特别是格鲁派所持守的戒律便属于大乘律。这些戒律通见于宗喀巴本人所撰的《菩萨戒品释》《侍师五十颂释》《密宗十四根本戒释》以及功德光所撰的《戒律本论》。在叙述格鲁派的清规戒律时，尤其应当着重强调的是，本派严格规定僧人不得娶妻生子，也不准参加生产劳动。这两点，从宗教戒律着眼，无疑是肃清了旧疾，但却带来了严重的社会问题，对藏族社会发展极为不利。

在上述弘法、持戒两个方面，广仁寺与格鲁派的典型寺院——拉萨三大寺（哲蚌、噶丹、色拉）并无二致。但在寺院组织、僧团活动、学位制度方面则有所不同，同时也不隶属于某一活佛系统。广仁寺建在西安，不仅具有宗教上的意义，而且更具有政治上的意义，但由于住寺喇嘛少，最盛时也不过三四十人，最少时则只有一个，故在职事设置上不如青、藏地区喇嘛寺院齐全，学经制度也不如他们严密、系统。青、藏喇嘛寺院中的僧团组织一般设堪布（相当汉地佛教寺院的住持或方丈）管理寺院的学经、行政、财务。然后由堪布任命下面各种僧职，如堪布本人的总管喇让强佐，管理寺僧纪律、检查戒律持犯情况及掌管僧籍的格贵（俗称铁棒喇嘛），念经时的领诵人翁则，管理僧众学经事务（包括学经辩论、考取学位等）的人员雄来巴等。广仁寺于最盛时曾设有堪布、格贵、管家、殿主等职。20世纪70年代至90年代由于住寺喇嘛少，故只设住持一人，也不再称作堪布。住持喇嘛经活佛的册封，正式升座后称达喇嘛。

蒙藏地区喇嘛寺院中的喇嘛共分为五种，即学习宗教职业技能者、学习专业知识和技术者、在寺内从事杂务劳动者、寺院的管理人员、正规的学经喇嘛等。学经僧人一天的生活分为：上早殿，在康村(由寺院按僧人的籍贯编定的小组及其固定的学经场所)念经，到法园领受传经和学习辩论，在康村背诵经文，直至合格。除特殊年代外，广仁寺同样上早殿，用藏语念《大韦陀（德）经》，约两小时，然后回僧寮各自继续念诵经本，所念经典有《药师经》、《供师经》、《长寿经》和《金刚经》。

在蒙藏喇嘛寺院里，学经人中的佼佼者经过反复考试合格后，可以取得“格西”学位。所谓“格西”，意即善知识、良师益友。取得格西学位的喇嘛都具有渊博的佛学知识，能言善辩，在僧人中威信高，社会地位也高。格西学位只授予学显宗经典的僧人，不授予学密宗经典的僧人。

◎第三节 节日与法会

（一）忌辰五供节（燃灯节）

忌辰五供节又称燃灯节，实际上就是藏传佛教格鲁派创始人宗喀巴圆寂纪念法会。如前所述，宗喀巴大师于明永乐十七年（1419）十月二十五日圆寂。节前，从十月初一至十五日，僧人要把全寺的墙壁用白灰粉刷一新，不得有遗漏，否则受罚。藏族风俗，用白色表示对宗喀巴大师圆寂戴孝致哀。按照青海塔尔寺的做法，从二十二日开始，连续举行 9 天纪念活动。二十三、二十四两天，僧人站在房顶上高声朗诵对宗喀巴大师的赞词和祈祷文，整个寺院里的诵经声不绝于耳。从二十五日开始，在寺中各殿堂、僧舍的屋顶上点燃许许多多的酥油灯，灯火辉煌，比拟佛光普照，连续五夜，故称为忌辰五供节或燃灯节。二十九这天，举行祭供仪式，在宗喀巴大师像前诵经祈祷。节间，寺中有斋茶斋粥供应。按规定，谁点的酥油灯便由谁支付酥油钱。广仁寺也依例举办五供节，主要仪式与塔尔寺大致相同。

（二）时轮金刚法会

按照时轮金刚本尊的方法进行修持的教法称时轮教，即时轮金刚乘，也是藏密的一种主要法门。关于时和轮，有种种说法，或说时即昼夜，轮是气息和十二缘起之相；或说时即昼夜，轮即气息和十二加行；或说时即殊胜不变的大乐相，轮即由大乐相所生的诸凡身的蕴和界；或说时即无缘大悲，也就是世俗所谓的有色，轮即有缘之性空，亦即无微尘之性。总的来说，所谓时轮就是时间的终极存在，并借此比喻现实世界的存在，时间是不断流转的，包括众生在内的现实世界也是不断生死的轮回过程。只有依照时轮本尊法进行修炼，将时、空大宇宙与人体小宇宙达于统一，亦即使人体的气息、脉搏达到最佳的状态、最快乐的境界，从而走出被过去、现在、未来三时所限的昏迷世界，认知宇宙的本初存在或本初佛，才能从迷界中求得解脱。修习时轮金刚无上密乘时首先要设立一个坛城，坛城或用银铜铸成，或用彩粉勾勒而成，等等，以时轮金刚为本尊，修习者以坛城作为观想佛的客体，七昼

夜不间断地诵经祈祷，给僧人发放布施，用以表示得真果。自筹资金，在修习殿堂供奉吉祥物品，祈颂各佛殿护法神的功德成就。

九世班禅在内地各省讲经说法时，曾启建时轮金刚法会。他曾到过广仁寺，是否启建过此法会，无从稽考，权做以上介绍，以备参考。

第六章 广仁寺之沿革变迁

广仁寺乃康熙敕建之寺院，落成之后又屡有藏、蒙古活佛、贵族前来参拜、说法、住止，光绪皇帝、慈禧太后临幸，故而颇为朝野所重视、尊崇，寺宇之宏敞、增饰之庄严，实冠当时西安诸寺之首。直到20世纪20年代，寺院才开始遭到人为和偶然事故之破坏。

◎第一节　第一次复兴——“辛亥之厄”与寺宇修复

1911年，以反对封建帝制、反对腐败的清政府为目的的辛亥革命爆发，陕西革命党人张云山曾以寺院为大本营领导、指挥革命运动，广仁寺遭受到有史以来的第一次劫难。民国十一年（1922）撰写并刻于康熙《御制广仁寺碑》碑阴的《复兴广仁寺纪念碑》，为我们厘清这段历史提供了翔实、可靠的资料。现将此碑铭抄录如下：

伏以乾坤奠定，劫运循环，盛极必衰，弱极必反，此天地之常经，人神之定数也。益世道统，阴阳之玄妙，人力操旋转之微权，故假手造物者，得以推荡，险德求之，沙门龙门，流俗豪贵，古今不数见矣。辛亥改革，秩序紊乱，时任达喇嘛包伊什金巴，被乱民威迫身血，并将寺内财物，抢掠一空，□〔缘〕□□岗，将寺宇霸占为普云堂理门公所。尔时，本寺大格司贵王恩铭，法号高峰，字玺珊者，虽隐忍号呼，竭力维持，无奈强梁时代，公理何存？

迨至民国四年，佛教会总会长、大国师章嘉活佛，由藏过陕，格司贵遂将前项屈情详细诉明，乞佛代呈蒙藏院交涉在案。是年秋，新疆旧土尔扈蒙古□汗王布彦蒙库也经陕住寺，备悉前情，诣京请中央政府恢复寺产。旋于是冬，蒙古前将军陆、巡按使吕□□□为委员，邢诚持秉公，判归原业。至五年十月二十日，奉前大总统袁令，任命陈林钦扎木素为广仁寺达喇嘛。迄于七年秋，复修山门三楹、东西配殿各三楹。复于九年秋，修葺大殿、经堂。冬至，鸟革翚飞〔迁〕〔复〕，梵贝释教重新。虽曰天道〔无〕〔亲〕，格司贵与有力□□起纪明，勒石□久。

前督署副官　陆军步兵少校七等文章　长安李廷芳　香亭

清咸宁县贡生　霸陵刘宗汉　海帆

历任新疆军务厅课长　科布多专员　四等文虎章步兵中校　周至刘昆玉　玺侯

任命陕西广仁寺达喇嘛，奉天蒙旗陈林钦扎木素，浪洲正

任广仁寺格司贵、代理达喇嘛

□□西安王恩铭

文札：赵生润

兼达喇嘛管家：□宝霖 玺〔玥〕陈庆余

管家：田育珍

主殿：陈觉悟 曹悟成 陈宝堃

僧众：朱悟得 张悟生 张悟平 晋悟定 关悟永 柴森 和林吴悟道

等〔奉〕

大中华民国十一年中秋 毂□

通读碑铭全文，除去那些虚词怨语，可以从中找出这样几个要点：第一，在辛亥革命中，革命党人与广仁寺僧众发生了严重的冲突，广仁寺达喇嘛包伊什金巴被逼自杀（即“身血”）。第二，寺中财物被“抢掠一空”。第三，寺宇被革命党普云堂理门公所霸占为办公场所，无疑，寺僧生活也一定因此受到严重的干扰。第四，从事件平息后修复的情况看，寺宇遭到的破坏也是严重的。当时，面对此等情况，寺中大格司贵（寺院僧职）王恩铭（即王玺珊）虽曾竭力抗争，奔走呼号，乃至于与理门公所打了一场官司，但最终还是未能如愿。第五，数年之后，厄运终于有了转变：民国四年（1915），时任全国佛教会总会长、大国师章嘉活佛七世自西藏进京途中路过西安，格司贵王恩铭将前项遭遇及数年交涉无果的情况向活佛一并诉之，并乞请上呈蒙藏院备案裁决。是年秋，新疆旧土尔扈特部汗王布彦蒙库亦因进京路过西安住进广仁寺，了解到寺院的遭遇后，也呈请中央政府出面归还全部寺产。至此，此案终于有了圆满的结果：就在这一年冬天，中央政府指令蒙古前将军陆某、巡按使吕（调元）为委员，处理此案，在核实原委后，秉公处理，最终判决理门公所归还寺产。不仅如此，至次年十月二十日，当时的大总统袁世凯还下了一道令旨，任命陈林钦扎木素为广仁寺新一任达喇嘛。民国七年（1918），即着手修复寺宇，先后修复山门三楹、东西配殿各三楹。民国九年（1920）秋，更修葺大殿、经堂，至冬毕工，寺宇重辉，梵呗复伴香烟而缭绕。至民国十一年（1922）中秋月圆之时，僧俗共刻碑记录此事始末。

这篇碑文除了能够帮助厘清事件的来龙去脉以外，还可说明以下问题：一是广仁寺罹难之事，竟然能够引起民国中央政府的重视，而且解决之迅速，说明广仁寺地位之重要。辛亥革命中，陕西地方革命党人在“反清”情绪影响下，打击对象由腐败的清政府扩大到了清朝皇帝敕建的黄教寺院，很有乱棍打人、殃及无辜的味道。这种过度行为，实质上已经违背了孙中山先生后来提出的主张“五族共和”的国策，袁世凯篡权夺位固然应当谴责，但即就是这样的一位“总统”，他也是赞同“五族共和”主张的。而广仁寺事件则关乎国策，关乎“五族”中的藏蒙民族的大问题，是马虎不得、忽视不得的。虽然是小小一个寺院的问题，但却拖延不得、耽误不得。这应当就是袁世凯快刀斩乱麻迅速解决广仁寺问题的根本原因。二是从碑铭提到的人名中，我们对广仁寺历任住持、达喇嘛又有了更多的了解，对其历史沿革、当时寺院的管理、寺院殿宇数量和布局以及寺院僧众也有了更多的了解，这对于后人描述寺院的历史来说，都是一份十分重要的、不可或缺的史料，甚至可以说是一份填补空白的资料。

广仁寺辛亥革命后的修复、兴建，可以说是一次新生，也是建寺以来的第一次复兴。而这次振微起衰的关键人物，从上至下是章嘉活佛七世章嘉·罗桑贝丹丹贝仲美、土扈特蒙古汗王布彦蒙库、王恩铭（即王玺，碑文作王玺珊）达喇嘛。

“章嘉活佛”是一个通称，与蒙藏地区达赖、班禅、哲布尊丹巴并称为四大活佛系统。章嘉活佛一世名叫章嘉·扎巴沃色，出生于青海省互助县红崖子沟张家村。修法成名后，号称“张家法王”。康熙皇帝以“张家”二字欠雅，改写为“章嘉”。后来，被追封为青海佑宁寺第一世活佛，这一世系活佛统称为章嘉活佛。与广仁寺复兴有关的是佑宁寺七世章嘉活佛：章嘉·罗桑贝丹丹贝仲美。他于清光绪中受封为扎萨克掌印喇嘛，管理京城等处喇嘛庙。辛亥革命中，章嘉活佛赞助共和，受到民国政府的褒奖，除承认其在清代所获“灌顶普善广慈大国师”封号及所受金印、金册等各项荣誉外，又被加封为“宏济光明大国师”名号，年俸丰厚，泽及父母、兄弟、师父，陆军部甚至为其配备护卫骑兵卫队。后来，其在反对日寇侵略、维护国家统一、推动中国佛教发展等事业中，都做出了贡献。1937 年，章嘉活佛出任国民政府委员；1947 年，当选为中国佛教会首届理事；1958年在台湾圆寂。大约就在1912年或稍后，其在进京路过西安时受理了广仁寺的诉求。

关于旧土尔扈特蒙古汗王布彦蒙库其人的情况，兹根据吐娜、潘美玲、巴特尔合著《巴音郭楞蒙古族史——东归旧土尔扈特、和硕特历史文化研究》略述如下：布彦蒙库为土尔扈特蒙古克烈部东归以后札萨克卓里克图汗世系的第十一世汗王。一世即东归蒙古的主要领导人渥巴锡，传九代而至布彦蒙库，他的祖辈在平定新疆倭里罕和卓叛乱和反对中亚浩罕汗国军官阿古柏的入侵、煽动封建主发动“消灭异教徒圣战”的斗争中曾做出过贡献。布彦蒙库本人也为维护新疆的安全而于1907年被清廷赏以三眼花翎，次年又晋为乾清门御前行走；为发展部族的农业生产而修建了和静乌兰尕孜渠、焉耆格根渠；1916年，民国政府封布彦蒙库为一等嘉禾章；杨增新主政新疆时，被任命为蒙古骑兵统带，辖领12营。1917年初病逝。袁世凯于民国四年图谋称帝，五年改元洪宪，后被声讨而退位，忧死。布彦蒙库应当是在1916年或稍后经西安前往北京时接受广仁寺僧众的诉讼的，在生命临终前为广仁寺做了一件大好事，功德无量。

王恩铭，汉族，法号高峰，字玺珊，“辛亥之厄”前已任广仁寺大格司贵一职。厄难来临，时任住持的包伊什金巴达喇嘛被逼自杀，寺院被侵占，王恩铭曾竭力呼号抗争，与里门公所对簿公堂，未获公正处理，后投诉于章嘉活佛和旧土尔扈特蒙古汗王，经临时政府出面干预，事件始得圆满解决。此后又于厄难后的新任住持陈林钦扎木素达喇嘛一起，主持寺院的修复工程，为广仁寺的新生、复兴出了大力，立了大功。后来继陈林钦扎木素之后出任广仁寺住持。

◎第二节　20 世纪前期的广仁寺

辛亥革命以后，陕西先后由袁（世凯）派军伐陆建章、段（祺瑞）派军伐陈树藩以及刘镇华统治，压迫尤甚，搜刮尤甚，于是民怨沸腾，战事连绵，广仁寺面临着被摧毁的威胁。1925 年刚被赶走的刘镇华不甘心失败，于 1926 年年初纠集镇嵩军企图重占陕西，率军直逼西安城。以杨虎城为代表的革命力量为策应孙中山领导的北伐战争，坚守西安以抗击刘镇华部和镇嵩军。杨部的一个连长叫戴万镒，负责驻守西安西北角城墙，围城敌军企图从守城军内部进行瓦解，大造戴万镒接受敌枪支、准备献城的舆论。事泄，戴万镒认罪痛悔，重新得到杨虎城之信任，杨则利用此事，将计就计，亲自住到广仁寺，缜密地组织了一次诱敌进城、一举全歼的战斗。在约定的时间里，敌人于夜间乘云梯从西北角城墙逾越入城，一个个成了瓮中之鳖，仅仅经过一小时，便俘虏敌人四百余。末尾，敌人始知中计，大呼上当，于是一时枪声大作，佛门之宁静被夜半之骤然枪声打破，殿宇之受损自然在所难免。此后的一段时间里，广仁寺成了杨虎城领导守城部队的指挥部。

由于西安战事频仍，不知何人于何时在广仁寺山门西侧城墙根埋藏大量火药。1931 年夏季，天气空前炎热，引起这些火药自爆，爆炸声如万钧雷霆，震天撼地，寺院树木全部被摧折，殿宇屋顶亦被掀去，方丈室被震塌，所幸者乃经、像俱无损坏。事后，由主陕的杨虎城主席出面，拨款进行修复。此后至西安解放，寺院多为军队占用，慈悲净土竟然刀光剑影交照，实为道俗缁素所不忍。寺宇之遭破坏亦因此在所难免。

◎第三节　第二次复兴——20 世纪 50 年代广仁寺的兴建

新中国成立后，宇内名胜古迹重受重视，广仁寺一为康熙皇帝为安边而敕建的寺院，二为西安地区唯一的黄教寺院，三为达赖、班禅等宗教领袖人物过陕时驻锡的行宫，其所受关注倍加于其他寺院。故于 1952 年，由政府拨款，全面整修一次，寺宇因而焕然一新。至 1957 年、1958 年顷，广仁寺尚占地 16 亩 8 分 5 厘。殿宇房舍共 109 间。寺分东西二院，主院（即原来之中院）在西，是住僧弘法之重地，自南向北排列，其主要建筑有：碑楼一座，山门三间（山门外东侧为院门），大殿三间，大殿前东西两侧陪殿（又称菩萨殿）各三间，藏经殿三间带东西耳房各一间，此殿前东西两侧厢房各三间、再北为经堂三间带东西耳房各一间，此外还有僧寮、香积厨等28间，总60间。殿堂布局及建筑风格与初建时一致。主院东侧为偏院，即原来之“行宫”，后变为一农院，有房舍54间。

寺内所存经像有：藏文大藏经《甘珠尔》107包，北京版，包括经藏和律藏，其中，目录1包，用汉、藏、满、蒙古四种文字列目；密部经籍25包；大般若经籍14包；二万五千颂4包；十万八千颂4包；诸般若部经籍1包；宝释部经籍6包；华严部经籍6包；诸品经籍32包；律部典籍12包；八千颂典籍1包。又有康熙四十五年（1706）三月十八日重修明版汉文大藏经1部，全，以千字文为序记号，起于“天”字，终于“史”字，总677字，每字一包，每包10卷；全藏13部，共6770卷；经函题目后署“大明正统五年十一月十一日”字样，康熙帝亲制新刊续入藏经序，其后为原刻万历年代字样。此后至雍正、乾隆世，在明藏基础上续入数百卷，再次刻版（始自雍正十三年，终于乾隆三年）印行，称龙藏，共7240卷。广仁寺所藏为前者，非后者。寺中各殿供奉佛像已如前述。

在新中国成立初期的这次整修中，寺主关符清达喇嘛用力尤多，应用器物，像设庄严，多所补充，其设备之齐全，增饰之煌丽，为当时西安诸寺之冠。

直到此时，康熙御制碑及碑亭仍存；康熙于御制碑铭之后所赐“慈云西荫”御匾仍存，悬挂于大佛殿殿门上；慈禧太后“西狩”时所题“法相庄严”匾额犹存，悬挂于二殿殿门上方；康有为所题“庄严佛土”匾额犹存，悬挂于一进院西偏殿殿门上方。据记还有乾隆帝所题“佛教圣地”御匾留存。其他如唐代石雕佛莲座、东院行宫中的楠木龙床、宫灯和自西郊崇圣寺（即金胜寺）移来之汉白玉莲花瓮亦存。

汉白玉莲花瓮

◎第四节　20世纪后半叶的罹难与修复

“文革”中，在“破除四旧”的呼啸声中，宗教领域尤其成为重灾区，广仁寺在劫难逃，受到了其有史以来的最严重的破坏。首先是寺内文物被洗劫一空，藏文《甘珠尔》藏经被烧毁；汉文大藏经已被送往造纸厂，后被市文管所有关人员发现拉回保管而幸存至今；包括一尊2米多的唐代铜质绿度母像和一尊北魏石佛像在内的寺中全部佛像或被毁或被迁移他处；楠木床2张和30余对楠木宫灯亦流落他处，万年灯及八角灯亭、碑亭和山门被拆除，碑石被推倒，寺中喇嘛六人，全被赶到工厂、农村劳动改造，其中，寺院住持关符清达喇嘛被送到西安市北大街一车厢厂劳动，并于1971年病故于该厂；杨宗仁喇嘛被送到蒲城县某公社山西大队劳动；龚明勤喇嘛被送到长安县东大公社劳动；田玉珍喇嘛、和森林喇嘛、王静维喇嘛被送到终南山山根的灵感寺教养院劳动。寺中喇嘛被扫地出门之后，莲湖区人民武装部和人防部在原山门以南盖起了两幢楼房和数十间平房，寺内殿、堂、厢房、僧寮被上述单位占作家属宿舍。东偏院的斋堂、马厩、磨坊、菜地总面积达十五六亩地全被围巾厂占用，以上占用全是无偿的，没有得到寺僧允许。

“文革”延续了十年，广仁寺的劫难也延续了十年，这只是就灾难的结束而言，如果就医治这次灾难所造成的创伤，就不折不扣地落实党的宗教政策，退还寺产而言，则直至世纪末日仍有许多问题有待解决。“文革”以后的政策落实，首先的问题是让被赶离寺的喇嘛回归。1978年，杨宗仁喇嘛和龚明勤喇嘛先后从劳动教养处返回寺院，其他四个喇嘛已在劳动教养中病故，永远也回不来了。落实政策的第二个问题是清退被抄寺物及占用单位退房、迁出。被抄财物已经十不存一，法器、庄严、陈设、楹联匾额或被毁坏或被私人侵吞，索退无望，最后收回来的唯汉文大藏经、康熙《御制广仁寺碑》真迹、康熙御题匾额《慈云西荫》等数种而已。清退房地产，至1984年，占用殿、堂、厢房的住户迁出完毕；至1992年前后，莲湖区人民武装部退还新建的办公楼；剩余部分，市、区宗教部门正在积极协调落实。

宗教政策的落实使广仁寺的前途又充满了希望。正是这种希望，鼓舞着寺内喇嘛们持续不断，不遗余力地进行寺院的修复工作。主持此项工作的人先是杨宗仁喇嘛，后是龚明勤喇嘛，居士们也为之做出不懈努力。在政府的大力支持下，自1984年至1999年，他们依次进行了如下工作：

揭顶翻修了大殿、二殿和经堂；

至1986年全部彩绘了寺内主要殿、堂；

翻修寮房十间；

1992年在原址按原式样重建山门三间和两个角门；

重置万年灯并建八角木亭覆之；

1994年重建御碑亭；拆除旧照壁残壁，在原址按原式样重建照壁；

1995年修建两眼龙眼泉。

此后又用方砖重铺一进院、二进院地面。

此间，中国佛教协会赵朴初会长曾亲临广仁寺视察，并题“广仁寺”匾额，又拨专款助修山门。青海塔尔寺、甘南拉卜楞寺也鼎力相助，今大殿内供奉之绿度母像即是由全国人大常委会常委、中国佛协常务副会长、中国四大活佛之一第六世嘉木样·洛桑久美图旦却吉尼玛亲自开光后，从拉卜楞寺送来的。

在修复殿宇的同时，喇嘛们还为寺中殿堂添置了诸佛像，其中：

大佛殿的像设有中间的绿度母像，木质，贴金，1988年由甘肃拉卜楞寺迎来；东文殊菩萨像，西普贤菩萨像，皆泥塑，新造。正殿门外的匾额乃康熙所题“慈云西荫”的原件，廊上两根大红圆柱上金书“方外云山无非幻境，静中岁月自有长春”楹联。东偏殿像设有：中释迦牟尼像，右（北）阿弥陀佛像，左（南）药师佛像，皆木质，落实政策中自省佛教协会迎来，门外上方彩绘“八宝”。

西偏殿像设有：中观音菩萨像，左（北）弥勒菩萨像，右（南）关公像（伽蓝神），皆泥质，1998年新塑。门外上方彩绘“八宝”，匾额为“庄严佛土”，由康有为书，风格为仿《石门铭》书体。

藏经殿供奉宗喀巴大师像，泥质，1986年新造。殿门外上方悬慈禧太后题“法相庄严”复制匾额，两旁对联为“蒲座开函风满室”“花池洗钵雨添泉”。

东偏殿用作接待室，西偏殿则是居士协助寺院办事的公廨。

经堂内供奉新塑的藏式大威德金刚像。

此外还有最北的寮房和斋堂多间。

此时的广仁寺，从总体上看已经是焕然一新，逐步地再现昔日之辉煌和宏丽。

◎第五节　第三次复兴——新时期汉地盛开的雪莲

至20世纪90年代末，广仁寺从总体上看，正在逐步恢复昔日的神气。为了保证寺院的持续发展，基于传灯承钵和开展弘法活动的需要，龚明勤达喇嘛代表寺院于2001年致函内蒙古自治区佛教协会，诚请派遣喇嘛前来居住弘法。经内蒙古自治区佛教协会郑重推荐，仁钦扎木苏上师偕同来乌日根、巴音仓、吉日嘎拉三位喇嘛来陕入住广仁寺。由于增添了新人、新力量、新血液，广仁寺的历史于是又揭开了新的一页。

仁钦扎木苏，蒙古族，出身于内蒙古佛教世家。1996年毕业于内蒙古自治区佛学院及内蒙古大学蒙古学学院。其根本上师为著名的乌兰活佛，从乌兰活佛受戒为僧，法号桑杰嘉措，深受活佛器重和赞许。又先后师从河北承德大佛寺（普

仁钦上师与十一世班禅大师的合影

宁寺）住持哈木尔活佛、西藏著名格西丹增大师，接受各种灌顶传承。深入学习、研究过藏传佛教格鲁派蒙藏文经典、蒙藏医学及儒家经典《易经》，被册封为格鲁派“金刚上师”。曾先后应邀担任内蒙古高日苏大庙和辽宁万祥寺名誉住持，参与承德大佛寺、内蒙古大昭寺的寺务管理。除母语外，又通汉语、藏语和日语。与国内外佛教界有较为广泛的联系。现任中国佛教协会理事、陕西省佛教协会副会长、西安市佛教协会副会长、西安市广仁寺住持、西安市广仁寺慈善功德会会长。2004年10月，在成立广仁寺民主管理委员会时，通过民主选举，当选为寺管会主任。2005年5月，龚明勤达喇嘛圆寂后，仁钦扎木苏接过寺任，成为广仁寺新一任住持。

仁钦上师本着爱国爱教的深衷，决心发扬广仁寺的优秀传统，在弘扬藏传佛教格鲁派宗旨义理的同时，发扬光大全国汉、蒙古、藏等各民族“和同一家”的大团结精神，来规划、建设广仁寺，振兴广仁寺，将广仁寺变成在祖国内地盛开的雪莲。从接过寺任、主管全寺政教事务的那一天开始，他就在政府宗教部门的支持下，集思广益，周密计划，多方募集资金，逐步、有序地展开各项工作，将心中的蓝图变成一处看得见、摸得着的绚丽实景、圣境。

仁钦上师认为，振兴工作首先要有明确的指导思想，这个指导思想就是四个“始终”，即始终拥护中国共产党的领导、坚决执行党的方针政策；始终心系祖国的兴旺发达、民族复兴、民众的幸福安康；始终致力于各民族的团结友爱、互帮互助，结合藏传佛教的特殊属性，与所有藏传佛教寺庙特别是蒙藏地区的喇嘛大庙僧众、各界知名人士和国内外广大信众共同弘扬佛法，弘扬中国优秀传统文化；始终心系众生，心怀慈悲，济世助人，为构建社会主义和谐社会尽责尽力。按照“四个始终”誓愿，广仁寺的振兴工作随即从下面几个方面展开：

（一）寺宇彩绘、庄严和增建

广仁寺的寺宇建筑布局，较之于20世纪90年代又有了较大的变化，中轴线上从南而北分别是广场、山门、十六罗汉影壁、康熙御碑亭、天王殿、万年灯亭、绿度母殿、千佛殿、金瓦殿，共分四进院。山门与天王殿之间为一进院，其右边为法物流通处、钟楼，左边有净身阁（即星级洗手间）、鼓楼。天王殿与绿度母殿之间为二进院，其右边为护法金刚殿，左边为长寿殿。绿度母殿与千佛殿之间为三进院，其右边有财神殿，左边有关公殿；千佛殿与金瓦殿之间为四进院，紧挨金瓦殿的左右两侧分别是达赖喇嘛行宫和班禅大师行宫。

在诸多寺宇建筑中，2004年新建的有广场、山门、净身阁（星级公厕）佛祖八塔、钟鼓楼、金瓦殿、综合楼、法务流通处等。

在整修过程中，对全寺所有新旧建筑都进行了一次彩绘，对所有殿堂的像设都做了贴金庄严。首先介绍中轴线上的建筑：

首先是山门、广场的建设。2006年，西安市莲湖区人民政府进一步落实党的宗教政策，将寺南被占用几十年的大片土地收回还归寺院，同时出资帮助寺院修建起一面积为2000多

山门

平方米的大广场，并用青石铺贴地面，其面积虽然仍不能与昔日的广场齐观，但在质量上则远胜从前。宽阔的广场为法事活动的举行及游人的活动、休息创造了更好的环境。

在广场建设的同时，寺内又筹集资金建造新的山门。新山门位于原有大照壁之南，是面宽五间的建筑，中门 3 间，左右门各一间，墙面和屋顶为推山式。山门后面西侧新建净身阁（即星级洗手间）。山门及附带建筑净身阁（即星级洗手间）由王吉利、申振英夫妇捐资 100 万元兴建，落成于 2007 年，山门上方悬“广仁寺”匾额，为康熙御笔真迹。

山门前左右两边排列着 8 座汉白玉精雕的藏式塔（即支提式塔），称佛祖八塔，由住持仁钦上师发心、善士捐助敬建，本愿为纪念释迦牟尼佛一生的八大功德，具为：生而行走七步，步步生莲花；于菩提树苑金刚座上觉悟成佛；于鹿野苑初转四谛法轮；降伏外道的种种奇迹；从忉利天还返人世间，广洒甘露；劝诫众比丘止息争讼；战胜诸魔鬼怪；于娑罗双树下证入涅槃，不生不灭。八塔依次称莲聚塔、菩提塔、四谛塔、神变塔、降凡塔、息诤塔、胜利塔、涅槃塔。八塔皆用汉白玉雕成，精美绝伦，庄严肃穆。戊子年秋落成后，严格按照藏传佛教传统仪轨装藏开光。塔内瘗藏众多经典及佛教圣物。信众绕塔供养可获诸多福德。塔前左右各竖一根幡杆。石塔和幡杆使寺院显得更加庄严肃穆、气象万千。新山门落成后，中轴线上的旧山门遂改为天王殿。

十八罗汉影壁，通高 6 米，宽 10 米，厚 1 米，壁顶青砖叠涩出檐，其上覆以瓦，形状作歇山式。影壁正中雕刻团龙图，此外还有释迦文佛像、十八罗汉像和花草。影壁的背面悬挂铜雕蒙人御虎图，含祛灾避祸之意，是藏传佛教特别是格鲁派传统的吉祥图案。

康熙御碑亭为木质结构的八角形攒尖顶建筑，塔顶成相轮

御碑亭

状，檐角上翘，飘逸，红柱雕壁，亭周为石质雕栏，南北各开一门，是典型的中式亭阁。内竖康熙《御制广仁寺碑》碑石。碑高 5.16 米，左右边框各有一组浅浮雕升龙；碑座高 0.98 米，前后两面为浮雕二龙戏珠；碑头高 1.4 米，浮雕横空翔龙。碑文按康熙《御制广仁寺碑》真迹雕刻，正楷，堪称书法上乘之作。

天王殿，即原来的山门，现称观音殿，面宽三转五，门额“广仁寺”为原中国佛教协会会长赵朴初先生亲题。殿内正中供奉

千手观音

千手观音像，东西两边为四天王像，即东方持国天王、南方增长天王、西方广目天王、北方多闻天王。千手观音全称千手千眼观音，由万乃安、齐茂椿、万乃瑜等善士捐造。圣像用俄罗斯椴木雕刻而成，由须弥座、莲花座、观音像及其宝冠上的阿弥陀佛像组成，高 6.6 米，重 2 吨。千手千眼观音手多、眼多、智慧多、慈悲多，愿力宏广，有求必应。

绿度母殿即原来的主殿，殿额高悬“慈云西荫”牌匾，也是康熙遗墨真迹。如今的度母殿已彩绘一新，殿外东西两侧设置 44 个转经筒，原本是供寺内僧人做法事时用的法器。转经筒内装有经书及咒语，僧人每转一圈就代表念诵一篇经文。信众礼佛时也可以转经筒念咒，为自己、为家人祈福。殿内与从前一样，供奉的是绿度母像。度母是观音菩萨的化身，共有 21 身，绿度母则是观音菩萨变现的第一个化身，故居首位，因此法力也最大、最威猛，能救八种苦难，因而最受尊奉。绿度母原来的形象是全身绿色，面目端庄慈祥，头戴五佛宝冠，披天衣，身挂各色璎珞，半跏坐莲花座，右脚着地，踏莲花，右手置于右膝上，掌心向外，左手置胸前，皆执乌巴拉花。此殿内供奉的绿度母像，有类于汉地的宝冠金身菩萨像。这尊绿度母像颇享盛誉，尤其是远在青藏、内蒙古的喇嘛及广大信徒，或许不知道西安广仁寺的寺名，但皆知道西安有绿度母像，原因是：原来在绿度母身旁还有一尊释迦牟尼佛像，唐代文成公主出嫁吐蕃松赞干布时，经太宗皇帝敕准将此尊圣像随身请往吐蕃，后来，太宗皇帝看着原来供奉释迦文佛的空位，不禁沉吟自语道："在这里补奉什么圣像呢？"这时，绿度母开口了："皇上不需在此安奉别的圣像了，我来代替释尊教化、度脱长安的众生吧。"从此，这尊绿度母像的名声便传遍赤县神州。所以，当蒙藏喇嘛、信众到广仁寺来礼拜绿度母圣像时，往往将身上佩戴的金银珠宝供奉之。在绿度母像的左右两侧，所供奉的是普贤与文殊两尊菩萨像，普贤菩萨骑六牙白象，大白象走路步子大，四平八稳，象征普贤菩萨是一位大行菩萨，能保佑平安。他的根本道场在四川峨眉山。文殊菩萨骑的是一头青狮，是智慧威猛的化身，象征文殊菩萨是一位具有大智慧的菩萨，其根本道场在山西五台山。

千佛殿的打造，这是住持仁钦扎木苏上师的一个愿景，目的是为了突出广仁寺喇嘛庙弘扬藏传佛教格鲁派学说的特色。从2004年开始，管委会即着手筹划、实施建造千佛殿的工作。千佛殿即原来的藏经殿，供奉的主尊为黄教格鲁派的创始人宗喀巴大师像。重新庄严的千佛殿的主题，仍然以宗喀巴大师为供奉的主尊，但同时增添他的两个弟子贾曹杰和克珠杰（班禅大师第一世），合称"师徒三尊"，均用缅甸红木雕刻，纯金镀身。殿内东、西、北三壁设佛龛1000个，称千佛阁，用红松雕制，龛内各供鎏金铜质宗喀巴像一尊，千尊鎏金铜像请自于我国宝岛台湾省。千佛阁庄严瑰丽，是佛教艺术和装饰艺术完美结合的精品。包括师徒三尊在内，整个殿堂到处是一片金碧辉煌。从庄严的角度讲，殿内最抢眼的是主尊的背光，它不是传统的火焰纹，而完全是藏传佛教的样式，两个大小不等的半圆之间镶着象、狮、鹿、蛇、牛刻件，顶部是鹰和宝珠，着色淡雅、柔和；此外是佛龛左右的两根圆柱，柱子上各有二浮雕盘龙，金光闪烁，盘旋升腾。龙柱两侧还各有一根圆柱。四根圆柱的上方各刻一身菩萨像，分别为中国佛教四大名山的主尊观音菩萨、普贤菩萨、文殊菩萨和地藏菩萨；与之对称的南壁的四根圆柱上部也各雕刻着一身菩萨像，与前四菩萨合称佛的八大弟子。千佛阁上方是金色游龙纹，龙纹下是吊脚阁檐；下方镶嵌纯金吉祥八宝图，即宝伞、金鱼、宝瓶、莲花、白海螺、吉祥结、胜利幢和金轮，寓意为点化众生，复苏创意，福智圆满，至清至纯，激荡无息，静悟正果，永远向前。大殿藻井上绘满莲花，色彩鲜艳，排列井然。用汉、藏、蒙古、满四种文字书写的经文、法语，还有幡幢帐幔、经案布墩等，在用料、着色、配置、做工、图案选择方面都非常考究，其所显示的效果使得整个殿堂既金碧辉煌，又和谐协调，赏心悦目，既给人以庄严的震撼，又使人获得一流的包括铸造、雕刻、绘画、书法等在内的艺术享受。像这样高水平、高质量、高等次的千佛殿，即使在全国范围内，也称得上是独一无二的。千佛殿的全部雕刻、庄严，是诚聘一位陈姓先生及其20多位弟子纯手工精雕细刻、悉心彩绘成就的，历时两年有余，耗资近460多万元，仅黄金就用了5.6公斤。用材有缅甸楠木、多种天然矿物颜料。巨大的投入，长时间的精工制作，高品质的材料，奠定了此殿堂成为藏传佛教文化与多门类如材料、工艺、布尊、颜色、施彩、图案有机结合的艺术精品。千佛殿落成后，中国佛教协会副会

千佛殿

长嘉木扬·图布丹活佛于2006年10月25日为之开光。

千佛殿彩绘、庄严毕功之后，于2015年7月17日在佛殿门前悬挂起分别用藏汉两种文字书写的《宗喀巴大师赞》牌匾各一面，两面牌匾相同，质地为胡桃木，匾高1.6米，宽0.6米；除标题外，赞文共476字，分上下两排阴刻，以金粉涂饰；题下署“喜饶嘉措大师撰 法尊法师译”。

喜饶嘉措大师生于1884年，圆寂于1968年，藏族。1915年，大师32岁，通过严格考试取得西藏格西拉仁巴学位，高兴之余，撰成《颂尊圣的香池》，“尊圣”是宗喀巴的尊号，所以，有学者将此文译成《法王宗喀巴大师赞·信德香水池》，此后至1935年，先后完成了《布顿·仁钦珠文集》的校勘，以及《藏文大藏经》的总纂。1937年，中华民国政府蒙藏委员会礼聘喜饶嘉措大师到内地讲学，其间，曾在南京大辉复巷甘青宁会馆研读汉藏文佛教典籍，先后撰写成《宗喀巴大师赞》谒诵之文等，可惜文稿于1937年日机轰炸南京时毁于战火。此后，大师又撰写了不少论文，不幸亦无存于世。1949年12月，大师出任青海省人民政府副主席；1950年，又任西北军政委员会委员、西北民族事务委员会副主任。就在这时，大师应“西安广仁寺住持关符清由远劝请”，第三次撰写成《宗喀巴大师赞》，是为今千佛殿前所悬示者。有人评价喜饶嘉措大师，说他是一位伟大的爱国主义者、中国佛教界杰出的领导人、蜚声中外的著名学者。喜饶嘉措大师如此反复撰述“尊圣”赞文，充分显示了他对宗喀巴大师的人品、学说真挚而虔诚的尊崇和仰慕之情。

《宗喀巴大师赞》的译者法尊大师生于1902年，圆寂于1980年。汉族，但毕生所致力的是藏传佛教的研究、翻译和弘扬。他先后于1930年、1935年两次前往西藏拉萨求法请益，而且都是从西藏进入印度，然后从海路回国。在西藏求法期间，法尊与已闻名当时的喜饶嘉措大师曾经谋面过。新中国诞生和中国佛教协会的成立，则为两位大师进一步结缘创造了绝佳的机会。法尊在1953年佛协成立之前已在北京菩提学会主持翻译事宜，而喜饶嘉措则从1952年开始基本定居北京。佛协成立之后，喜饶嘉措大师即当选为佛协第一副会长，之后一再递升为代会长、会长职务，而法尊法师也在佛协成立后即当选为代表、理事、常务理事。这时两位大师的交谊，既有工作关系，也有佛教宗趣、学说理论认同的关系。诸种因缘的和合，促成了广仁寺远请《宗喀巴大师赞》的撰写、翻译此一大师级的合作。其实此次合作并非唯一，如前所述，喜饶嘉措大师是竭诚尊崇宗喀巴大师及其学说的，而法尊大师则是将宗喀巴大师的著作，包括格鲁派的五部大论中的三部（《先观庄严论》《入中论》《释量论》），以及《菩提道次第广论》《密宗道次第广论》等多部重要著作翻译成汉文的第一位大德高僧。可见，两位大师在弘扬藏传佛教，特别是宗喀巴所创立的格鲁派学说上合作是密切的，贡献是巨大的。

现将广仁寺所请到的《宗喀巴大师赞》全文实录如下：

第一颂：文殊化现宗喀巴，精细理论金刚器；摧伏雪域诸邪说，庄严赡部智人语。

第二颂：六丁卯中丁酉年，如佛菩萨所授记；与鲁绷格有子缘，是于宗喀降生传。

第三颂：一滴脐血堕地处，出生亿叶旃檀树，狮子吼佛像庄严，是前未有妙传记。

第四颂：三岁时从迦玛巴，受近事戒年七岁，宝义成前正出家，是入佛教胜传记。

第五颂：十七岁时依师教，及由自生净信力，进赴卫藏正法域，是日月出胜传记。

第六颂：从如印度诸智者，遍学显密世俗论，尽所知境如虚空，是初多闻妙传记。

第七颂：随顺众生诸界性，知佛语中随一字，皆是解脱胜方便，是中现为教授传。

第八颂：救遍空界众生悲，与深广道次第境，根本后得尽昼夜，是后修持胜传记。

第九颂：利透百万经论关，三种尸罗咸清净，慈悲六度四摄藏，是智德贤胜传记。

第十颂：见大中观胜义性，远离五过县八行，离苦乐边如莲花，是见修行无比传。

第十一颂：慧解大论数十部，辩摧敌者狂象头，著述威显世出世，是讲辩着胜传记。

第十二颂：修复精其弥勒殿，于娘陇惹转发轮，神通愿与达则供，是应称赞四事传。

第十三颂：现空缘起甚深理，本风成尊妙幻身，善说炽然如电烛，是除愚暗妙传记。

第十四颂：五三已丑建迦登，六三亥往慈尊前，后学寺众遍大地，世间无比胜传记。

第十五颂：此所生福如乳流，堪比月轮甘露藏，愿使地上诸疾病，刀兵饥馑皆远离。

第十六颂：如是法王宗喀巴，略传摄为十七颂，西安广仁寺住持，关符清由远劝请。

第十七颂：由宗大师妙加持，略触心间莲蕊力，宣众经论具辩才，喜饶嘉措临时书。

金瓦殿亦即藏经阁，是在原来的香积橱和寮房旧基上新建的建筑，由主殿和左右翼殿组成。主殿样式为双层楼阁式歇山顶，翼殿为单层攒尖顶。主殿、翼殿顶部全用纯铜贴金覆盖，光辉灿烂，耀人眼目，故称金瓦殿。金瓦殿是藏传佛教最高规格的建筑，不少大喇嘛庙都有金瓦殿，广仁寺的金瓦殿是西安

金瓦殿

市乃至陕西省的唯一。翼殿分别为达赖、班禅的行宫，主殿一层供奉释迦文佛 12 岁等身像和用香樟木雕刻、举高 9.9 米的弥勒佛立像。二层为藏经阁，经柜用红木打造。柜内所藏经籍为前文已经提到过的藏文《甘珠尔》107 卷和康熙四十九年（1710）修订的明版《大般若波罗蜜多经》6600 卷，都是弥足珍贵的佛教典籍。

除以上中轴线上的主要建筑外，还有如今的二进院、三进院的东西偏殿都是旧有建筑，只是重新彩绘、庄严后，内部供奉的像设有所变化而已。其中：

护法金刚殿供奉的是大威德金刚、姊妹护法、大黑天（玛哈嘎拉）、阎罗法王和吉祥天母等像；

长寿殿供奉的是药师佛、尊胜佛母、无量寿佛、白度母和地藏王菩萨的像；

黄财神殿也称黄财神千佛殿，供奉的是黄财神像。黄财神即黄布绿金刚，是藏传佛教尊奉的北方司财众部“五姓财神”之首神。此像用珍贵木材手工雕刻而成，其面目慈善，头戴宝冠，袒胸露腹，佩珍珠瓔珞、珍宝耳环，穿丝质天衣、裙子，右手置于右膝上，捧喷焰摩尼，左手握吐宝鼬，胸前挂乌巴拉念珠，作如意坐坐于莲花月轮上，左脚弯曲平放座上，右脚踏在海螺宝上，身后有背光、祥云、远山。礼拜此神并持念其咒语，可获无量福德。除财神主尊外，殿内壁间还供奉小尊财神1000尊，故此殿又称为黄财神千佛殿，它是国内首座专门供奉黄财神的殿宇。

关公殿即原来的接待室，现改名为五百罗汉印章殿。殿中供奉主尊为伽蓝神相貌有类于汉地供奉的关公像。殿中周壁作格子，每格安放一枚石质印章，印章形状不一，表面线刻一罗汉像，底部刻此罗汉名号。这五百罗汉印章是由一埋名隐姓的居士用数年时间雕刻而成的。如此杰作，在国内或亦为首例，其人其物，实可称颂，目前正在申请吉尼斯世界纪录。

僧人生活区建在原来的东院（即原来行宫）地域，是一栋歇山顶建筑，南北全长150米，中间设大门通寺内停车场。分两层，一楼作为蒙藏文化街的店铺，临街设门，面对宽阔的通衢大道，这里将成为西安市具有浓厚蒙藏民族风味、特色的旅游观光一条街。二楼为僧人生活区，有僧院、方丈（达喇嘛）

黄财神

院、办公院、接待贵宾室、会议室、讲经堂、活动室、厨房、餐厅等。僧房每间一床一柜一洗手间，空调、淋浴器齐备；接待贵宾室和方丈室按照藏传佛教传统设计、布局、装饰、庄严，金光灿烂，富丽堂皇。所有门户、走廊栏杆一皆用红铜板材制作，牢固、结实、美观、干净、大气。所有管理、清洁人员皆为居士、信众充当义工。生活区与寺院殿堂部分，有围墙分隔而独立成院。院中有泉、池、曲径、花木、像设，可供僧人在诵经念佛之余、法事活动之后到此取静、休息、养神。

经过十几年的不懈努力，寺院整修的各项工程至 2017 年全部告竣。全面、大规模整修后的寺院，面貌焕然一新，不仅殿堂壮丽，像设庄严，院落整洁，更为重要的是显著地突出了藏传佛教的特色。如此大规模的整修工程，其耗资、劳神、费时、费工是可想而知的。工程的竣工，应当归功于西安市人民政府有关部门的支持、协助，归功于住持仁钦扎木苏上师的策划、运筹及全寺僧众的共同努力，归功于广大居士、信众、善士的帮助。

（二）寺院管理制度的建立

全面整修工程的完毕，既使寺院成了一处能令人肃然起敬的庄严福地，也让僧人修禅习法有了一个清净场所。随着法事活动的日益兴盛和信众巡礼、游客览胜人数的与日俱增，寺院又面临一个新的重要课题，那就是如何加强管理的问题。

加强管理的前提是加强领导。广仁寺在政府有关部门的指导下，依照《国务院宗教事务条例》和《国家宗教局藏传佛教寺庙管理条例》，首先通过民主选举，成立了寺院民主管理委员会，住持仁钦扎木苏当选寺管会主任，全面掌管全寺俗务和教务。管理委员会下设佛事活动、外联接待、财务管理、物业管理、防火安全等工作组，实行各负其责的责任制，大事由管委会全体成员会议讨论决定，必要时要召开全寺僧众会议，广泛听取意见。为了提高管委会成员的管理水平，还经常组织各类培训班，学习党的各项政策、法律、法规，以及佛教常识、现代管理知识等。在管理工作中，寺院以四化，即科学化、现代化、规范化和制度化为标准，一切工作从实际出发，凡事做到合情、合理，合乎需要，明确、便捷、高效，有章可循、有法可依，意识、方法体现现代气息，器具尽可能使用时尚产品，等等。

在制度方面，寺管会先后制定、出台了30多项管理制度，其中主要的有：《广仁寺综合治理管理制度》《寺管会主任岗位责任制》《寺管会副主任岗位责任制》《寺办公室岗位责任制》，其他如《喇嘛守则》《安全条例》《安全工作责任制》《消防制度》《环境卫生防疫制度》《夜间巡逻值班制度》《财务管理制度》《会计职责》《出纳职责》《接待制度》《僧社会科制度》《探亲制度》《会议制度》《殿堂展室制度》《上殿念经制度》《佛事活动办公室制度》《开光室制度》《总务管理制度》《经学班学生守则》《食堂管理制度》《文物文书档案管理制度》《寺院售票处制度》《讲解员导游职责》《广仁寺停车场制度》《公厕卫生管理制度》《工作纪律》等。每一制度都明确了其内容、范围以及相关人员的权、责。这些规章制度一一印制在册，清楚明白，随时可以阅读，做到了执行方便、检查有据、管理到位、责任清楚、工作效率高、安全有保障。科学管理离不开制度，制度的实行则是科学理念的重要体现。

现代化问题包含现代理念、现代思维、现代作风、创新工具。在新的时代里，现代化离不开智能化，在这方面，寺院工作也做得有声有色，颇有成效，一是院内所有门锁、照明、净热水系统、电路等都实现了智能化，连殿堂里的功德箱都有电子技术含量。二是设立寺院智能化的监控室，监控全覆盖，无死角，无盲区，图像高度清晰，监控人员坐在室内即可随时了解寺内每个角落的情况，及时处理、解决问题。现代技术的采用，智能化管理，极大地保证了寺院各方面的安全，大大地减少了事故的发生，尤其是杜绝了恶性事故的出现。

（三）诵经习法不放松，弘法教化抓根本

诵经习法，是每个僧人的必修功课；弘法教化，是释迦文佛立教的本怀，是每个僧人续佛慧命、利益众生的天职。寺院的生命、生机，寺院存在的意义，就在于始终自觉坚持诵经、习法和对众生说法、教化这个根本。基于这样的认识，寺管会十分重视这一工作，一直遵从喇嘛庙的传统，坚持每日做早课，诵读经典，在《广仁寺综合治理管理制度》中专门设有《上殿念经制度》和《经学班学生守则》，严格规定全寺喇嘛上殿念经不得迟到、早退，不聊天，不接电话，违者由执事僧格司贵按寺规处罚。对经学班学生要求也十分严格，要求他们爱国爱教，拥护共产党的领导，遵守国家法纪；执持戒律，不忘皈依初衷；寸阴是竞，刻苦学习；尊师重教，知恩必报；注重威仪，和众团结，做众生表率；等等。

除抓紧喇嘛、学员的学习外，为了提高僧众的文化素养，创建学习型寺院，寺管会还积极组织僧人和居士参加各类培训班，派送喇嘛僧前往甘肃省佛学院、青海佛学院和内蒙古佛学院进修学习，为寺院的持续发展、向更高层次的发展做准备。

在弘法教化、利益众生方面，寺院也开展了许多工作：一是制作宣传佛教文化展板，印党的宗教政策书籍、多种佛教文化书籍、劝善积德书籍，供信众、游客免费自由取阅；二是根据藏传佛教的特点，设计、制作多种含有宣传佛教义理或寺内供奉佛像、法物所起的化导作用为内容的物品，作为礼物，赠送信众、游客，与之结缘；三是或是出版专门书籍，或是利用网络微信平台，或是利用导游解说词，或是与媒体、文化人合作，以展览、图片、诗歌、微电影、讲解、歌唱等各种不同方式，认真介绍宣传康熙皇帝因俗宜民、护持佛教这一“利济之道”，以图国家的久安长治的旨意，以及广仁寺继承佛的遗志，劝人行善止恶、慈悲喜舍、好施乐助、护生放生等弘法指归。既收到了良好的教化效果，也扩大了广仁寺的影响。

如前所述，在历史上，藏传佛教最高领袖达赖、班禅曾在进京时或专程莅临广仁寺说法和指导工作，章嘉活佛七世和新疆土尔扈特蒙古汗王也莅临本寺并帮助解决辛亥革命期间寺院房产、财务被侵占纠纷。此外还接待过喜饶嘉措大师。

近年来，住持仁钦扎木苏先后多次拜谒十一世班禅大师，聆听其教导并汇报工作。

1989 年至 2010 年，嘉木扬·图布丹活佛、珠康活佛、贾拉森活佛、那仓活佛等藏区蒙地高僧大德先后来寺指导工作。

2006 年和 2011 年，全国政协委员、中国佛教协会副会长、北京雍和宫住持图布丹活佛两次应邀来广仁寺为法会主法。

2013 年，中国藏语系高级佛学院教务处处长丹迥·纳班杂活佛应邀前来广仁寺为信众说法。

2006年，西藏著名活佛阿钦仁波切和西藏著名蒙古族格西丹增大师应邀在拉萨大昭寺为广仁寺12岁等身像及文成公主像开光法会上主法。

上述法事活动，既丰富了广仁寺的弘法内容，也提高了弘法的质量。

此外，广仁寺还多次举办以佛教文化、民族团结为主题的大型活动，如“西藏—长安千年情大型唐卡展”“迎请文成公主回娘家”等。

通过上述法事、文化活动，既丰富了广仁寺的弘法内容，也提高了弘法的质量，增进了民族之间的了解。

（四）以身作则，做民族团结的带头人

康熙皇帝在《御制广仁寺碑》中说，他之所以下敕在西安创建广仁寺，就是要使“黄山岩岫秀比灵山，渭水清波凝如定水，红河浪息，度法海之津梁，华岳云开，通耆阇之辙迹，五陵六郡之众，回向香城，外藩属国而遥群游净土，赍神光之常护，上以祝慈寿于无涯，助王化之遐宣，下以锡民庥于有永。此亦朕绥怀寰宇，顺导蒸黎之至意也”。说白了，康熙创建广仁寺，就是要通过藏传佛教信仰，使蒙藏民族团结，和同一家，使外藩属国仰慕中华，这样做，对上，可以起到祝寿和有助于国家教化的作用，对下，则可使黎民百姓享受和平康乐。一句话，完全是为了怀柔邻国，顺应民意，以求

民族和睦，国家安康。

如前所述，广仁寺寺管会贯彻、执行《国务院宗教事务条例》以及《国家宗教局藏传佛教寺庙管理规定》关于“遵守宪法、法律、法规和规章，维护祖国统一、民族团结和社会安定”“促进藏传佛教与社会主义社会相适应”规定，同时坚持康熙“因俗宜民”、以图国家“长治久安”而敕建广仁寺的宗旨，以身作则，自觉做民族团结、建设和谐社会的带头人。这方面的工作，包括以下几点：

第一，在多个主要殿堂中，用藏、蒙古、汉三种文字书写藏传佛教经文和法语，既方便各民族的信徒和参礼者了解经文、法语的内容，又营造了民族团结的氛围。

第二，将导游的讲解词翻译成16种语种，并印制成《广仁寺多语种讲解词》手册。导游使用多语种讲解，使游客有到寺如到家的感觉，大大增加了亲和感、亲切感。

第三，维护民族团结和祖国统一，反对藏独分裂丑行。古都西安是国内各民族乃至世界各国人民向往的历史文明胜地，一直以来有许多藏、蒙古等各民族同胞长期居住生活在这里，而广仁寺是西安、陕西唯一一座藏传佛教喇嘛庙，它利用自己的这个优势，主动担负起这些边疆同胞与内地同胞沟通、融合的桥梁重任，与之保持长期的、经常的联系，向他们宣传党的民族政策，交流感情，促进他们融入西安这个大环境，各民族相向而行，凝聚抱团，共同维护国家统一，同仇敌忾反对一切分裂、极端、恐怖势力，维护国家的安定、祥和。在2008年西藏发生“3·14”事件后，广仁寺僧众即明确表示，坚决与“藏独”分子划清界限，支持政府采取果断措施，严厉打击制造事件的不法分子，维护各族人民的根本利益，维护藏区的安定团结，保证当地人民永远过上安定祥和的生活。同时积极引导信众爱国爱教，为实现全省“零藏独分子”“零自焚事件”，构建和谐陕西，尽了寺院应尽的责任，贡献了自己的一分力量。

第四，迎接文成公主回娘家，雕造、供奉释迦文佛12岁等身像。如前文所述，贞观十五年（641），唐太宗曾将宗室女文成公主嫁给吐蕃王朝开国君主松赞干布，谱写了一曲为世代传唱的汉藏和亲团结佳话。文成公主入蕃时，曾带去唐朝的先进文化、工艺生产技术、历算、医学、纺织、工具和作物种子，同时还有一尊释迦牟尼12岁等身佛像。文成公主到了吐蕃后，便积极地帮助吐蕃国王松赞干布移风易俗、建寺弘法、教化社会、派王室子弟入唐国学学习，等等。文成公主和松赞干布居住的宫殿在拉萨山南的雍布拉康。松赞干布死后，唐高宗曾下诏让文成公主返回长安安度晚年，但文成公主决意继续留在吐蕃为当地人民的福祉效劳，直至公元680年逝世。正所谓鞠躬尽瘁，死而后已。有感于文成公主为藏区的社会进步、为藏族人民的幸福做出了杰出的贡献，功德无量，藏族人民把她视为绿度母（观音菩萨）的化身，刻像供奉，以示世代崇奉，永志不忘。文成公主像与其所带去的释迦牟尼12岁等身佛像一起，至今一直供奉在拉萨的大昭寺里。

1360多年的漫长历史过去了，藏族人民也早已成为中华民族大家庭中伟大的一员，如今又正在团结一心、手挽手朝着共同的目标和美好明天并肩前进。俗话说，饮水不忘挖井人。一个弱女子，义无反顾地肩挑起汉藏两族人民“和同一家”的伟大历史使命，并且为此贡献了自己宝贵的一生，这样的英雄气概，这样的精神境界，这样的巾帼不让须眉的风采和形象，怎么能不令人景仰！怎么能不使人怀念！怎么能不具有无限的感召力！文成公主，已经不仅是一个真实的深宫闺秀的弱女子形象，而是已经成了一种崇高精神境界的象征。所以，不仅藏族人民尊崇她、怀念她，汉族人民和其他各族人民也同样尊崇她、怀念她。正是出于这样的感情、这样的认识、这样的动机和目的，广仁寺着手策划和实施了迎请文成公主回长安的纪念活动。

迎请文成公主及释迦牟尼12岁等身佛像回长安的纪念活动是一种因缘和合的结果。

广仁寺管委会主任仁钦扎木苏上师在恢复古刹面貌取得显著成效之后，又从广仁寺创建的初衷，即“因俗宜民”和“锡民庥于有永”，以及古都西安特有的人文荟萃、汉唐雄风的历史背景出发，考虑进一步将广仁寺建设成改革开放时期有利于增进民族团结、社会和谐的宗教道场、教化福地，早已心萌迎请文成公主和释迦牟尼12岁等身佛像回寺供养的宏愿。

却说在大洋的另一方，也有人在为中华民族的大团结在操心。美国洛杉矶华侨商人齐茂椿居士也做了一个梦，梦见文成公主想念故乡，想回千年古都长安探亲观光。随后，齐居士即到西藏拉萨大昭寺拜佛求缘，并与该寺负责喇嘛尼玛次仁商量迎请事宜。尼玛次仁建议他到西安找广仁寺仁钦扎木苏上师商量。结果，佛缘相合。

商议既定，实施工作于是提到日程上。雕像及迎请的费用全部由齐居士承担（后来计算，总共费用达 240 万元人民币，仅释迦牟尼佛的宝冠就用去 30 多万）。

2006 年 6 月，仁钦上师带领民间雕刻师陈先生等一行数人前往西藏拉萨大昭寺绘制释迦牟尼 12 岁等身佛像和文成公主像的复制图，复制像的大小，与大昭寺所供奉的完全相同。大昭寺给予了大力支持。当年 7 月，两像在广仁寺雕刻完成，用材乃印度尼西亚紫檀木（800 斤）。其中，文成公主像高 90 厘米，重 50 公斤。之后，随即用专车将两像送往西藏。10 月 8 日，将两像运往大昭寺装藏、镀金，镶嵌玉石、玛瑙、珊瑚等，历时一周。就在这一天，西安方面浩浩荡荡的迎亲队伍（55 人，10 辆车）也从广仁寺山门前出发前往西藏。10 月 15 日，在大昭寺举行盛大的释迦牟尼佛像及文成公主像开光仪式，法会由西藏自治区德高望重的活佛阿钦仁波切、罗桑丹增主持，108 位大师、宗教界及各大媒体出席了大会。法会持续了七个小时。10 月 16 日，西安方面的迎亲队伍带着佛像和文成公主像沿当年公主入藏路线（唐蕃古道）返回西安，即从拉萨出发，经那曲、索县、丁青、类乌齐、玉树县（文成公主庙）、玛多、共和县、塔尔寺、文成公主庙、炳灵寺、平安县、陇西、天水、张家川、关山、陇县、千阳、凤翔、岐山、扶风、咸阳,10月25日到达西安。

对文成公主在阔别了1300多年后重新踏上故乡土地这件事，西安市领导及广大民众表示出了极大的关注和无比热情，

迎请活动入城仪式（西安城墙南门）

就在文成公主像和释迦牟尼佛像回到西安的当天，有关方面为尊像举行了隆重的入城仪式，随后在古装卫士的护卫及僧众的簇拥下，文成公主像被安置在金色帐篷花车内巡游古城。争相观看者不啻人山人海。当时，苍天动情，洒下霏霏细雨，就像是公主看到故乡千年巨变后所流下的激动泪水。

最后，释迦牟尼12岁等身佛像与文成公主像在广仁寺经堂即现在的千佛殿奉安落座。

第五，迎请昭君回大汉长安的策划。“昭君出塞”是我国汉代的一则和亲佳话。昭君姓王，名嫱，以字行，称王昭君。也有作“名昭君，字嫱”者。所记虽异，实同为一人。昭君乃今湖北秭归人，西汉元帝时入为宫女。后宫佳丽无数，帝每召幸，按图指人。于是，宫人皆贿赂画工冀得幸。王昭君恃其貌美，不肯行贿，画工毛延寿故意将其画丑，遂久不见幸，因心生悲怨。

王昭君与之和亲的对象，是汉朝北方的游牧民族匈奴单于。匈奴民族形成于战国时期，今日的漠南黄河河套地区和阴山一带就是它兴起的摇篮。其强大后，即不断南下侵扰中原政权和人民。秦代立国后，始皇帝为了巩固、发展统一政权，于是使蒙恬将兵 30 万北击匈奴，并在匈奴退出之地设县移民，因河为塞，连接秦、赵、燕三国长城，在河套、阴山至辽东一线重兵守护。秦末，天下大乱，匈奴卷土重来，在河套阴山一带建立起一个强大的奴隶制政权，势力达到鼎盛阶段。冒顿单于就是此一政权的首领。

刘汉王朝立国的最初六七十年间，匈奴势力可谓至盛，号称“控弦之士三十万”，其铁骑连年南下侵犯汉朝边境，当地人民饱受战争的痛苦，生命财产受到严重的威胁。而另一面，由于秦朝的残暴统治和秦末战乱所造成的破坏，汉朝境内，经济凋敝，政权还没有完全稳定下来，国力尚弱，根本没有力量抵御匈奴的入侵，于是采取“和亲”政策，以谋求边境的安宁。

经过 70 多年的休养生息，至汉武帝时，汉朝政治经济实力大大增强，为了结束匈奴奴隶主贵族侵扰和索求无度的局面，汉武帝于元朔二年（前127）、元狩二年（前121）、元狩四年（前119）先后派遣卫青、霍去病率军对匈奴发动河南、河西、漠北三大战役，匈奴单于和左贤王不得不撤出河套及其以西一带，右地浑邪王则率部投归汉朝，这样，汉朝北方终于一度出现“幕南无王庭”的局面。

匈奴奴隶主贵族不仅侵犯汉朝，也同时压迫北方、西北方的各族人民，各族人民于是也群起反抗，并且动摇了匈奴贵族的统治地位，激化了其内部的斗争，于是出现了五单于争权混战的局面，最后剩下郅支单于与呼韩邪单于的对峙，前者占领单于庭（今呼和浩特市）和漠北广大地域，后者则据有漠南。为了自己的生存，也是为了汉匈民族不再遭受战争的痛苦，呼韩邪单于于汉宣帝甘露三年（前51）率部投归汉朝，在汉朝的帮助下，共同抵御郅支单于势力的南侵，既结束了此前汉匈之间一个半世纪的战争状态，也为大漠南北与中原的最终统一奠定了基础，当然也为汉匈两族的社会安定、经济发展创造了有利条件。正是基于此，汉朝廷给予了呼韩邪单于极为隆重的礼遇，赐给黄金单于玺，位在诸侯王之上。郅支单于自知无力对付呼韩邪单于，只好西迁到今新疆伊犁河流域一带，最后灭亡于公元前36年。

郅支单于西迁后，呼韩邪单于遂占领了大漠南北，并将权力机关迁至单于庭。北归之前，与汉廷签订了一个盟约，表示匈奴与汉“合为一家”“世世毋得相诈相攻”。汉元帝竟宁元年（前33），呼韩邪单于再次入朝长安，并提出与汉和亲的请求，汉元帝敕准，诏以五宫女许之，王昭君自告奋勇请行，于是便有了开头所说的“昭君出塞”的故事。

显然，昭君远嫁匈奴所肩负的是停止战争、实现和平的使命，是促进汉匈民族团结、永远友好的使命。事实上，为了这个崇高的光荣的历史使命，王昭君不仅嫁给了呼韩邪单于（号“宁胡阏氏”），而且还辅佐了呼韩邪的儿子复株絫若鞮单于。最后死在匈奴，葬在匈奴，为中国这个多民族国家的形成的伟大事业贡献了毕生，博得了汉匈两族人民及其子孙后代的爱戴和敬重。长久以来，内蒙古人民便已将她看成藏传佛教中大慈大悲、救苦救难的绿度母化身，在很多寺院里刻像供养，顶礼膜拜。所以，将个人和国家命运、民族事业联系起来看，王昭君既是一种崇高精神、品格的象征，同时又是一种合乎天道、顺乎民心的“和同”“和衷”理念的人格化、形体化标志。为了纪念这位民族团结、民族友好的伟大使者，也为了让今日西安人民能够有机会瞻仰这位英雄女儿的尊容，在从昭君开始而绵延不绝、长达2000多年的民族和睦链接上再添新环，继往开来，持续下去，仁钦扎木苏上师与广仁寺僧众现在又在策划另一件大事：迎请昭君回广仁寺供养。现正在紧锣密鼓筹划之中，经与内蒙古自治区有关方面联系，此一规划的实施，其程序基本与迎请文成公主回长安相同，即由广仁寺雕好昭君尊像，然后从广仁寺出发，沿当年“昭君出塞”线路（汉城未央宫遗址—灞桥—高陵区—淳化县—旬邑县—庆阳地区—合水县—延安志丹县—

榆林市—神木市—西河（即东胜）—朔方（即乌拉特向旗）—五原（即包头）前往目的地呼和浩特市（即当年的单于庭）昭君墓园。在大昭寺举行开光大典，邀请当地德高望重的活佛、喇嘛及各界人士参加。开光法会后，沿现在的高速公路返回西安，举行盛大的入城仪式，然后在广仁寺奉安落座。

人们可以翘首以待，这一大喜日子将会很快到来。

（五）兴办慈善事业

佛教讲“无缘大慈，同体大悲”，讲慈悲济世，六波罗蜜和四摄法都把“布施”放在第一位。《无量寿经》《维摩诘经》等经典都谈到布施问题。布施总分为财施和法施。财施即舍财济贫，法施即说法度他，总的说，就是以福利施于人。布施虽有种种，但一般以施舍财物为其本义。布施也是中国传统文化的内容之一，《国语》《庄子》《荀子》《韩非子》《淮南子》《论衡》等都谈到布施问题，中国民间自古以来就有行善积德的传统。无疑，布施是一种惠行。慈善事业与布施是同义语，是僧俗在新的历史时代的一种更为明确的说法和做法。

广仁寺兴办慈善事业，既是遵佛教导而行，也是对中国传统文化的继承。多年来，寺院在扶贫赈灾、帮残、助学、助医、慰问鳏寡孤独等方面做了不少工作。还举办过公益祈福法会，发动信众发挥信仰劝善作用，如从社会各界引资募资，用于慈善、公益事业。多次捐助残疾儿童、特困户，探望孤寡老人、孤儿。长期坚持在寺前广场为流浪乞讨人员免费供饭、发放衣服。在青海、西藏、内蒙古、甘肃等省和尼泊尔、印度等国发生自然灾害时捐款捐物。为了使慈善工作做得更好，寺管会于

广仁寺腊八施粥

2011 年发起成立“广仁寺慈善功德会”，并在西安市莲湖区宗教局、民政局注册备案，取得了合法慈善团体资格。功德会秉持“行政公开化，财务透明化，制度规范化，服务专业化”的原则，立足公益，面向社会，注重和谐，讲究实效开展活动，号召信众“日行一善，每日一元”捐施，现已拥有会员 2500 多人，慈善捐赠款、物发放，累计价值 600 多万元，救济、帮助了许多急需帮助的人。功德会还每年举办新年祈福、燃灯、端午送粽子、腊八施粥、护生放生等活动。中秋节、农历春节则走进

社区慰问贫困户、孤寡残障家庭，累计达300余户。

功德会已经取得可喜成绩，功德会志愿者团队先后被陕西省慈善协会、西安市文明办评为优秀志愿者团队。功德会的愿景是有计划、成规模地开展各项慈善募捐，不断拓展慈善救助覆盖面，大力推进社会公益事业的发展。

（六）开展环保、生态活动

佛教讲“众生平等”，众生平等即一切众生皆可成佛。在佛家看来，众生不仅指人类，而且包括草木虫鱼等一切有生命者。众生既然可以平等成佛，也就有平等生存的权利。既要生存，就

广仁功德会西安浐灞放生

会有竞争，就会有相互制约，只有在制约达到平衡状态时，众生

世界，也就是人类世界和自然世界才会相安无事。在众生平等的原则下，人类自古以来就很重视保护生命。佛教经典《金光明经》讲过一个故事：有一个叫流水长者的人，曾经救了1000条鱼的命，天子于是对他报之以德。佛教曾经专门制定了一部《护命放生仪轨法》，说的就是如何放生的仪式、规则。所以，僧人从不有意踩踏虫蚁，连用水时都要用密网过滤，将滤出来的小虫先集中储存在器皿里，然后再放到河流池沼中。因此缘故，所有寺院都设有或大或小的放生池。对虫蚁如此，对草木也不例外，凡有寺院的地方，树木花草都很茂盛、葱郁，环境清幽，空气新鲜，很多成了名山圣境，成了人们游览休息的好去处。由此可见，护生放生、山林养育等，简言之，生态环保，本来就是佛教的优良传统。

广仁寺在硬件建设完成、规章制度健全之后，环境保护、生态保护工作比之以前抓得更紧，做得更加有声有色。首先是从身边做起，即对寺院环境进行彻底整理，院内地面全部铺以青砖，再点缀以奇花异木；在有限的寺域内，将周边殿宇间的空地变成绿茵草地。寺院专门由物业义工负责随时清扫，使寺院始终保持清洁无尘。在新建的僧人专属生活区内专门请有经验的设计师规划、设计庭院园林，并由其指导施工。与此同时还大力开展宣传工作，在寺内设置环保宣传展板，举办生态知识讲座，讲解绿色环保理念，以及敬佛不在烧香多少，而在心诚心净、行善积德的道理，积极引导信众低碳礼佛供养，提倡文明敬香，杜绝焚烧纸质品，保持寺院环境空气清新。在寺内不搞管理承包，严禁旁门左道进寺高价卖香，强拉硬扯信众、游客烧大香，乃至于卜筮、算命等不法行为。此外，寺管会每年还组织信众上秦岭和市内公园清拾垃圾，植树浇水；夏天则举办太空花展，为市民营造一个消暑纳凉的好场所。总而言之，在习近平主席“青山绿水就是金山银山”的思想指导下，广仁寺寺管会更加感到做好环保生态工作的重要性，责任心更强了，信心也更足了。

（七）国际交流，增进友谊

为了扩大广仁寺的影响，同时也是为了扩大藏传佛教，特别是格鲁派学说、学风、特点的影响，广仁寺除了开展如前文提到的寺内、国内文化活动和交流活动外，还积极进行国际性的交往、交流。2014 年 5 月，寺院曾经与邮电部门联合，发行了一套以唐卡为内容的邮票、信封、明信片，以此为媒介，向国际社会宣传藏传佛教文化和广仁寺的新气象。2014 年，从释迦牟尼成道处印度菩提迦耶迎请一苗菩提树与从国内青海省塔尔寺请来的菩提树一起种到寺里，以表达追根溯源、饮水思源和续佛慧命的虔诚、决心，如今，这两株菩提树都已枝繁叶茂，这预示着广仁寺的弘法事业也一定会像菩提树一样兴旺发达，欣欣向荣。2009 年 8 月 1 日，广仁寺接受泰国皇室成员、居士南他那居士赠送的释迦文佛真身舍利，然后由陕西省伟志集团董事长向炳伟先生捐资 100 万元人民币纯手工制作了一座鎏金舍利塔，将这真身舍利装瘗于其中，在千佛殿设座供养。它是中泰两国万古长青、牢不可破友谊的见证。此外，广仁寺还先后与俄罗斯传统佛教会、蒙古国佛教会、世界蒙古佛教联盟等组织建立友好关系，与美国、蒙古国、俄罗斯联邦的布里亚特共和国、卡克梅克共和国、图瓦共和国等国家和地区多个藏传佛教寺院相互进行了访问交流，为丝绸之路焕发青春，为国家一带一路战略实施贡献了一份微力。

今天，广仁寺经过这一轮新的建设，显得更加庄严、美丽、多彩，已经成了名副其实的汉地盛开的雪莲，完全称得上是有史以来的最卓有成效的复兴、振兴。

◎第六节　广仁寺的僧职、历任住持和达喇嘛

俗有俗官，僧有僧官。僧官有管理全国佛教事务的，有管理地方佛教事务的，有管理寺院内部事务的。管理寺院内部事务的“官”一般也叫职事僧。

藏传佛教寺院职事之设，按常例依次为：活佛、达喇嘛、德木齐、格司贵、刚尼诺、尼尔巴、翁斯德、毕帖式。广仁寺作为标准的藏传佛教寺院，在它落成之际，除活佛一项外，其余职事理应齐备，但因无文献资料可考，这只不过是一种猜测而已。有关广仁寺职事之设，至今仅能从《复兴广仁寺纪念碑》的记载中获知一二。在清末民初，广仁寺所设的职事有达喇嘛、大格司贵、文扎、兼达喇嘛管家、管家、主殿等。后来，随着寺院佛事香火欠振，职事之设以及管理也就更不系统了。

直至2004年以后在复兴工程中制定管理制度时，寺院职事之设才又健全起来，依次是：达喇嘛、住持、格司贵、文扎、管家、德木齐等。此外还通过民主选举成立了“广仁寺民主管理委员会”，在寺管会主任和副主任领导下，按照《广仁寺综合治理管理制度》开展工作。

据传，广仁寺落成后，其住寺喇嘛是来自青海塔尔寺。有研究者从《康熙朝满文朱批奏折全译》中检出广仁寺第一任达喇嘛为白喇木札木巴，第二任达喇嘛为旺舒克吉木巴。自此以降，岁月流年，人世沧桑，寺中的达喇嘛、住持，已无文献可供稽考。20世纪八九十年代，据寺中喇嘛、居士回忆，清末民初的住持包什斤巴，应当是第六任达喇嘛，蒙古族，由清廷从北平派来，民国初年被迫自杀身亡。另一种传说则是：六世达喇嘛名叫王西禅，受册于清咸丰年间（1851—1861）。据清理出来的《复兴广仁寺纪念碑》所记，“辛亥之厄”中被逼自杀的达喇嘛包伊什金巴，应当就是上面提到的包什斤巴。而“王西禅”的“西禅”二字，实际上就是王恩铭的字“玺玥”的谐音，也就是说，王西禅即王玺玥，即王恩铭。他不是第六任达喇嘛，而是第八任达喇嘛。还有一点值得注意，那就是第六任达喇嘛受册于咸丰年间的事，有可能属实，也有可能并非受册于咸丰年间，而是咸丰以后。

关于第七世达喇嘛是陈林钦扎木素，《复兴碑》有明确记载：“至（民国）五年十月二十日，奉前大总统袁令，任命陈林钦扎木素为广仁寺达喇嘛。”此碑的另一处记载，原文为“任命陕西广仁寺达喇嘛奉天蒙旗陈林钦扎木素浪州正任广仁寺格司贵代理达喇嘛”。此句似应作如是标点：“任命陕西广仁寺达喇嘛：奉天蒙旗陈林钦扎木素、（前）浪州正任、广仁寺格司贵（为）代理达喇嘛。”按照这样的标点去解读，则是：袁世凯政府任命的广仁寺达喇嘛是奉天蒙旗（籍）的陈林钦扎木素，受命前先后为浪州正任、广仁寺格司贵，受任的职务是“代理达喇嘛”。原来寺中喇嘛和居士的回忆作“陈林青杂木素”，应当是“陈林钦扎木素”的别写。

至民国十几年，即20世纪20年代，陈林钦扎木素圆寂。之后，广仁寺的原任格司贵王恩铭、也就是王玺（玥），被公推为第八任住持。关于王恩铭的事迹，《复兴广仁寺纪念碑》记载得比较具体，即：王恩铭法号高峰，字玺珊，汉族，清末已是寺中的大格司贵，同时兼任达喇嘛的管家之一（即玺玥，疑是“玺珊”之误）。清光绪二十年（1894）撰写并镌刻《胜严寺并入广仁寺管理记》碑竖于胜严寺前身敦煌寺内，由此可见他住寺已久，关系至深。“辛亥之厄”中，曾隐忍呼号，据理抗争，在达喇嘛被逼自杀、寺中无主的情况下，出面维持寺务，并与理门公所对簿公堂，后更申诉于章嘉活佛七世和新疆旧厄尔鲁特蒙古汗王，乞请代呈中央蒙藏院，最后经中央政府干预，案情方得公允处理。此后又协助新任达喇嘛重建寺宇，实现寺院的第一次复兴，故《复兴纪念碑》称“格司贵与有力□（方框内应是“焉”字）”。民国二十年（1931）圆寂，民国二十四年（1935）二月二十五日起塔于胜严寺北偏院内，俗称“王玺禅师塔”，塔南有王玺达喇嘛碑，由当时的西安佛教会负责人寂园居士康寄遥撰文，广仁寺住持关符清立石。由此碑可以证明，王玺是广仁寺的第八世达喇嘛。

继王玺之后出任住持的是关符清喇嘛。关符清是王玺的法孙、田玉珍喇嘛的弟子。由于田缺乏领导能力，王未把寺主之权交给他，而是交给了关。关符清为青海土族人士（但也自称蒙古族），清光绪二十五年（1899）出生于青海民和县，光绪三十三年（1907）出家，住青海保和寺，1911 年至 1919 年迁住塔尔寺。1920 年开始驻锡西安广仁寺。1940 年 12 月至 1941 年 6 月赴中国四大佛教名山之一的四川峨眉山普贤道场朝拜巡礼，之后复返广仁寺，直至 1971 年圆寂。1942 年由民国政府蒙藏委员会册为达喇嘛，是为广仁寺的第九任达喇嘛（塔铭作“七世达喇嘛”）。新中国成立前与国民党第七补给区司令周士冕、蒙藏委员会中央委员章嘉活佛等关系密切，与十世班禅喜饶嘉措大师也多有联系，并因此被任命为中央蒙族宣化使宣传员。新中国成立后，在中国共产党的政策感召下，在宗教界曾起过积极作用，先后当选为中国佛教协会陕西省代表、西安市莲湖区政协委员、西安市和莲湖区人民代表大会代表。“文革”开始后，被赶出寺，至莲湖区车厢厂劳动。1971 年 6 月病故于该厂，终年 71 岁。至 21 世纪初年，寺内东偏殿南稍尚供奉着其遗像。在新中国成立初期的寺院修复工作中，关符清极尽寺主、达喇嘛之力，在寺宇维护、弘法活动等方面都有显著成绩。当时的广仁寺的寺宇、法事能够冠盖西安诸寺，关符清达喇嘛功不可没。

广仁寺于1966年至1978年荒芜十余个春秋之后，关符清喇嘛的弟子杨宗仁重新还寺主持寺务。杨宗仁法号措巴尼玛，汉族，长安鸣犊镇人，民国十三年（1924）至广仁寺，师事关符清达喇嘛。新中国成立后曾参加西安市政协工作组，协助关喇嘛主持寺内弘法活动，依照藏密用藏语诵经念咒。1979年还寺继任住持之后，寺内百废待举，杨喇嘛克服重重困难，与有关方面交涉寺宇、寺产、文物等清退问题，并开始着手寺院的修复工作和重新开展弘法活动。当此关键时刻，杨喇嘛不幸于1986年夏夜在方丈室内被窃贼杀害，时年72岁。生前曾先后当选为西安市莲湖区政协委员、陕西省佛教协会、西安市佛教协会常务理事。杨喇嘛是广仁寺第十任住持，此时寺中达喇嘛一职缺位。

杨喇嘛身遭不测之难后，其弟子龚明勤继任为住持，是为广仁寺第十一任住持。龚氏法号森建，长安区郭杜人，汉族。1936年到广仁寺出家，师事杨宗仁喇嘛。“文革”开始后被赶离寺，回家从事生产劳动。1979年重返广仁寺，协助杨宗仁喇嘛重整寺院。任住持后，继续担负起重建寺院的重担，聚徒开法。在继续完成寺宇的彩绘工作之外，又新建山门、碑亭、万年灯和照壁。与此同时，继续与居士们一起，据理依法交涉收回被机关、工厂占用的寺宇、寺产。1995年，中国佛教协会正式册封龚明勤喇嘛为广仁寺达喇嘛，1997年正式升座，是为广仁寺第十世达喇嘛（塔铭作“九世达喇嘛”）。根据传灯承钵和寺院持续发展的需要，为了进一步深入开展法事活动，恢复广仁寺昔日的辉煌，将广仁寺最终建设成继承藏传佛教格鲁派传统的寺院，龚达喇嘛代表寺院致函内蒙古自治区佛教协会，诚恳邀请派遣喇嘛来广仁寺居住弘法，经内蒙古佛教协会郑重推荐，仁钦扎木苏上师于2001年11月正式进住广仁寺，为广仁寺注入了新的血液，使广仁寺焕发了活力，其历史也由此揭开了新的一页。龚达喇嘛其功大焉。

龚达喇嘛于2005年圆寂后，仁钦扎木苏上师接替了寺任，成为广仁寺第十二任住持。关于仁钦上师的履历，上一节已有详细介绍。2004年，通过寺院民主选举，诞生了广仁寺民主管理委员会，仁钦上师当选为寺管会主任。从此，他挑起了全面复兴广仁寺的重任，亲自规划，亲自募资，经过十余年的不懈努力，终于使广仁寺寺宇焕然一新，香火日益兴盛，藏传佛教格鲁派的特色、特点更加鲜明，再现了昔日的辉煌，实现了广仁寺有史以来最大的一次复兴，真真真实实地成为在汉地盛开的雪莲，具情已见于前文。基于其出色的工作及所取得的成绩，在教内，他当选为中国佛教协会理事、陕西佛教协会副会长、西安市佛教协会副会长、西安广仁慈善功德会会长；社会职务则有：全国青年联合会委员、陕西省政协委员、西安市人大代表、中国宗教学会理事、陕西省文化产业促进会副会长、陕西省民族问题与民族法研究会副会长、陕西省青年联合会常委、内蒙古自治区青联特邀常委、陕西省红十字会及慈善协会理事。按计划，仁钦扎木苏上师拟于2019年升座为广仁寺第十一世达喇嘛。

第七章　广仁寺的地产及经济生活

广仁寺是在特定的政治形势下由康熙皇帝拨款敕建的一座寺院，寺院建成后又起着接待蒙藏地区活佛、王公、贵族的行宫作用，是清朝政府与蒙藏上层人物，是汉族与蒙古、藏民族的一个联系点，这些都决定了广仁寺的地位的重要性。这种重要性又决定了其经济上的富裕程度。虽然没有明文可查康熙皇帝曾经赐给了广仁寺多少田庄，但广仁寺从建成之日起便拥有田产则是毋庸置疑的。这些田产可能是敕建寺院的同时钦赐的，也可能是用建寺之款买来的。

据寺中喇嘛及居士回忆，代代相传的说法是：广仁寺在城内的土地，其南至玉祥门（今总工会大楼），东界则距小北门不远，西、北则以城墙为限。自辛亥革命以后，城内的这大片土地大部分被寺院变卖或被俗人占用，但直至 1957 年前后，城内寺地除正院和东偏院所占地外，尚有七八十亩之多，寺院与婆阳村分种这些地，收成对半分配。后来，土地入了农业社，从此之后不再属于寺院所有，城内地产唯剩寺院的正院和东偏院。“文革”中，正院和东偏院全被机关和工厂占用。1978年以后经落实宗教政策，正院基本恢复至原来的范围，并重新转由寺僧管理。东偏院及前院部分寺地直至21世纪初年才回归寺院。

寺院在城墙外的土地，现在已较难准确地弄清其具体范围。有碑可考者为广仁寺建成之初，敦煌寺住持喇嘛尚经巴曾自愿将寺院及地产30亩归属广仁寺管理，称广仁寺“别院”。这些田产原属邑人张宗器所有，后捐给敦煌寺充作僧人常供产业。这些地就在敦煌寺附近。此外的地产，大约分布在今玉祥门外至大白杨之间，数目达数百亩。

对于广仁寺的地产，按照中央人民政府解决西藏问题的协议有关条文规定，土地改革中并未没收，亦即仍归寺院使用。至农业合作化运动中，才全部加入了合作社。1957年，省物资局曾征购玉祥门外数里处之寺地，可见直至此时，这些地还是属于寺院所有。

广仁寺的最盛时期应当是清代康熙、雍正、乾隆之盛世，因此，住寺喇嘛的人数也应当是最多的时候。直至新中国成立前夕，寺中喇嘛尚有30人左右。新中国成立以后尚有十二三人。至“文革”前只剩6人，他们是田玉珍、何宪林、王静维、关符清、杨宗仁、龚明勤。落实政策后的住寺喇嘛人数已如前文所述。清代至民国期间，寺院的经济收入主要靠赏赐、地租、高利贷及香火钱。新中国成立以后至合作化前，寺院出租的水田多达350亩，亩租10斗，喇嘛的食用及寺宇的修缮全从此出。政府对宗教界的经济政策是“自养”，未给寺僧任何生活补贴。合作化以后，土地入了社，寺院的经济来源进一步缩小，唯靠出租东偏院的45间房屋每月收取160—170元的租金以及香客布施、少许之门票钱，借以维持生活，继续香火。随着改革开放大业的一步步推进，国家、陕西省、西安市经济的不断发展，人民生活的不断改善，寺院的经济生活也有了大大的改观。

如前所述，西安市人民政府有关部门在新世纪里继续落实党的宗教政策，将原来被占的地产陆续交还寺院，建成山门前广场、生活办公区和蒙藏民族特色一条街，寺域面积已达20余亩，寺宇多达300余间。由于法事活动兴盛，信士、游客布施、捐助增多，再加上房屋赁金，寺院经济生活有了很大的改善，除了住寺喇嘛僧生活用度和寺宇维护费用外，已有能力开展各项慈善、公益活动。

第八章 广仁寺轶事、法宝与文物

◎第一节 轶事

（一）庚子西狩 “佛爷”幸寺

清光绪二十六年（1900）六月十七日，八国联军攻陷大沽炮台。八月十五日，慈禧太后挟光绪帝离京西逃，九月十日到达太原府，闻联军西进，攻击山西东固关要隘，乃传旨起驾，转往陕西省城西安。在风陵渡乘船过黄河之后，即入潼关，经华阴、临潼等县，于十月二十六日到达西安府。这一年是六十甲子的庚子年，故谓“庚子西狩”，本属逃命，却名“西狩”，骗己骗人也。慈禧本性残忍，但有时却表现出一副“慈悲”相，手下人为讨好她，往往呼之为“佛爷”。既至西安，两宫同住于北院门原陕甘总督衙门，由董福祥部派五人轮流值班护卫。慈禧以西安深入后方，远离敌人，愁怀全释，颇有偏安苟且之志。她一面指令李鸿章不惜代价，谋求与帝国主义者缔结和约，一面降旨将江南漕米一半折价纳银，一半运往西安，以供其养尊处优之耗。当时陕西连年大旱，人民生活无着，即使是西安城内，饿殍乞丐亦不少见。然慈禧不关人命，一味盘剥陕西民众，以满足一己之私。饮食一如北京时，分设荤局、素局、菜局、饭局、粥局、茶局、酪局、点心局，每局由太监管事，司厨者数人至十数人不等。有一次，慈禧心血来潮，忽想起吃冰镇酸梅汤，地方官只好奉旨奔数百里登太白雪峰取冰。酒足饭饱之余，即观百戏，听秦腔；与命妇做牧猪奴游戏；设赌局，以金球元宝下注；附庸风雅，写字作画借以消遣。慈禧当河山破碎之乱世，理应是万机待理，劳碌无暇，但她却是花甲老妪，少妇容色，可见其是怎样的弄权误国，耽于享乐。两宫停留西安经年，慈禧收纳了不少“贡品”，宦官李莲英更是卖官鬻爵，强取豪夺，回銮时，慈禧的财物用黄色绳带抬运，李莲英的用红色绳带搬运，李阉之物竟多逾慈禧之一半，其贪赃不法可见一斑。即使是一般自京流亡至西安的王公贵族大臣，乃至于官吏士卒，亦多行不义，如溥伦其人，即以雅好金石为名，把西安碑林的一方名碑也拆运回京了。因此之故，当慈禧、光绪一行离西安之日，除攀龙附凤之势利士绅周旋“欢送”之外，一般民众则冷漠至极。

慈禧在停留西安期间，曾到过广仁寺。是去礼拜做佛事呢，还是去游观，则无明文记载。唯知其曾亲书一匾，曰“法相庄严”。

（二）活佛莅临，法门荣耀

广仁寺落成以后，西藏活佛、蒙藏贵族、王爷凡进京朝觐路过西安，均在此居住，故广仁寺又兼有“行宫”之说。亦寺亦宫，这是符合实际的。先后莅临广仁寺诵经说法的西藏、青海活佛有：十三世达赖喇嘛土登嘉措（1876.5.5—1933.12.17）、九世班禅额尔德尼曲结尼玛（1883.2.19—1937.12.1）和十四世达赖喇嘛丹增嘉措、十世班禅额尔德尼确吉坚赞（1938.2.3—1989.1.28）、喜饶嘉措（1884.4.8—1868.11.1）及青海拉卜楞寺嘉木央哥活佛（又名黄正清）等人。

20世纪之初，英、俄等国都怀着野心，企图取得对我国西藏地区的控制权。十三世达赖喇嘛土登嘉措与英帝国主义有矛盾，在内部则与班禅不和。在英国侵略势力的逼迫下，达赖喇嘛于1904年6月15日离开西藏到达外蒙古，过着流亡生活。后来，达赖与外蒙古法王哲布尊丹巴失和，于是遂萌返藏之心。清政府为了团结达赖喇嘛，粉碎外国侵略西藏的阴谋，下诏恢复达赖喇嘛名号，并支持其重返西藏。这样，达赖喇嘛便以到处讲经说法的形式，离开外蒙古库伦，最后回到青海之塔尔寺。这时，由于达赖与班禅失和问题尚未解决等原因，清政府又转而指示达赖暂住塔尔寺，缓回西藏，寻又准其入京陛见。于是，达赖喇嘛乃于1907年11月29日从塔尔寺起程入京，至12月13日，复离兰州东下，于闰十二月初十日抵达西安，并在此休息了数天。此后，达赖喇嘛复赴临潼华清池洗了温泉澡，游览华山等。闰十二月十八日，达赖自潼关渡黄河，入山西，经太原、五台山，于1908年8月到达北京。就在这次路过西安期间，十三世达赖喇嘛到了广仁寺，在那里讲经说法，而且，按情理，就止息于寺内。1908年11月28日，达赖离京返藏，至12月29日抵达西宁塔尔寺。返程中是否走的西安这一线，目前尚未查到有关资料。如果返程亦经过西安，则达赖再次住于广仁寺，并在那里说法也是可以想象的。

辛亥革命后，西藏形势发生了新的变化。英帝国主义挑拨藏汉民族的关系，又在西拉图会议上企图将西藏从中国版图上分裂出去。原先，后藏的班禅集团一直归驻藏大臣直接领导，和以达赖为首的噶厦处于平等地位。后来，驻藏大臣被赶走，噶厦即强迫班禅的扎什伦布服从达赖的统治。噶厦为了扩充藏军，违反旧制向札什伦布征兵征税，摊派军粮，数量之巨，竟占全藏军粮的四分之一，九世班禅原想通过与达赖面商解决免征军粮问题，未料竟遭拒绝。日喀则的班禅政府与拉萨的达赖政府之间的矛盾更趋恶化。班禅情知难容于达赖，乃于1923年11月15日，连夜密率僧侣上差15人离开日喀则，奔赴纳当，涉藏河，经节耶进入草地，然后折北而驰，避过达赖的追兵，涉江踏云，曲入山道，经三日至于子聪草坝，遇到外蒙古法王哲布尊丹巴的师父孝珠堪布的回脚骆驼队，并得其相送，顺利到达甘肃兰州。1924年5月13日，班禅给北平之中华民国政府的贿选大总统曹锟发了一纸电报，文中称："前由国务院先后寄下钧谕，令于秋凉谒见，并蒙盛竞(情)优待，不胜欣幸之至。余班禅额尔德尼现在康适，沿途亦甚平安。因天气炎热，目下暂住兰州……一俟稍凉，当即来京谒见，面呈一切……"后其果然经中原到达北京。由于曹锟于1924年10月倒台，班禅是否与之谋面不得而知。当民国十四年（1925）2月1日北洋政府召开善后会议时，班禅不但指派代表参加了会议，而且亲自（两次）致函会议，希望各方"化除我见"，"将是己非人的病，轻公重私的病都过悔了"，以便促成五族共助，使中国从此走上国富民足之道。临时执政段祺瑞为此称班禅"远道来京，赞筹统一，精忠翊国"，并加给"宣诚济世"的封号。此后，班禅大师在内地居住和活动达14年之久，足迹几及整个中国，先后在内蒙古、北京、山西、南京、上海、杭州、沈阳、陕西、甘肃、青海等地讲经说法、摸顶、布施及启建时轮金刚法会等，为反对外国侵略、维护祖国统一事业、促进全国各民族团结做出了应有的贡献。1935年，班禅从内蒙古进抵宁夏，并于4月21日自宁夏乘飞机抵兰州，准备经西宁返藏。由于蒋介石政府屈从于英帝国主义的压力，改变计划，指令班禅暂缓返藏。1937年12月1日，九世班禅病故于青海玉树寺甲拉颇章宫内，至死未能实现重返西藏的心愿。通观九世班禅在内地的行止和活动，在入京时和到陕西讲经说法时均应到达西安，因此故，其到广仁寺的时间应是：一次应在1924年夏末秋初顷，另一次则无法稽考。其在广仁寺之活动，当不外乎讲经、说法、摸顶、布施及启建时轮金刚法会等。

1949年至1958年间，第十四世达赖喇嘛丹登嘉措曾来过广仁寺一次，十世班禅额尔德尼确吉坚赞喜饶嘉措曾来过广仁寺两次。据寺中喇嘛回忆，1952年，十四世达赖喇嘛与十世班禅第一次来寺，二人一起来，参拜礼佛而已，驻宿则在昔之杨虎城公馆止园。与二人同来的还有当时青海省副主席玉宁寺活佛嘉木央哥。后者在寺里曾经诵经说法。大约在1957年前后，十世班禅第二次来寺，曾在寺内摸顶、坐床。

除以上活佛外，喜饶嘉措大师亦曾来过广仁寺。大师于1884年4月8日出生于青海省循化撒拉族自治县道帏乡贺庄村。7岁出家，16岁到拉卜楞寺深造，学习五部大论和大小十明，并在寺中受具足戒。21岁到拉萨哲蚌寺学经，刻苦用功，受到高僧大德的器重。十三世达赖喇嘛曾赐给他“坚贝杰哇罗哲”称号，赞扬他像文殊菩萨那样具有“喜悦智慧”。32岁时，通过答辩格鲁派拉萨三大寺“格西”们的严格问难，终于荣获“精通五大明处”的第一名拉巴格西学位。此后在讲经说法，培养人才，校勘藏文佛教典籍、藏族大学者布顿的文集和藏文大藏经《甘珠尔》，编纂，著述，促进汉藏文化交流等方面都做出了特殊的贡献。喜饶嘉措大师不仅爱教，而且爱国，在抗日救亡运动中，在反对分裂、维护祖国领土统一的斗争中，在和平解放西藏、建设新西藏的伟大事业中，也都表现出高度的政治热情，做出了特殊的贡献。因此缘故，大师于1949年12月当选为青海省人民政府副主席兼省文教委员会主任，次年任西北军政委员会委员和西北民族事务委员会副主任，1953 年开始先后担任中国佛教协会副会长、会长，中国佛学院院长，1959 年当选为全国政协第三届常务委员，由于职责所系，大师光临西安的机会多多，无论从政务还是佛教事务方面看，其关心广仁寺都是自然而必然的，机会也是很多的。可惜寺中没有留下具体文记，大师何时到寺、所为何事，以及活动的具体内容，都已经无从稽考了。

（三）“圣人”讲学 题匾结缘

所谓“圣人”者，即康有为也，这是康门弟子们对师父的褒称。康有为的前半生在中国近代史上是一位大胆的、杰出的改革家，戊戌变法失败以后则逐渐沦为与时代格格不入的“保皇派”。西北大学教授单演义先生评价他说，其“学术思想既博大精深，又不免含有芜杂疵瑕”，“政治观点既飞越千年，现实主张却又刻板保守，甚至复古倒退”，“个人作风既果决自重，不随波逐流，又不免刚愎自用，难以容人”，“其前半生否定所处时代，后半生却为所处时代否定”。应当说，这个评价是颇为恰当的。

1923 年，康有为已经 66 岁，可谓垂暮之年。在参加完洛阳吴佩孚五十寿辰庆典之后，由吴具书介绍给主陕之刘镇华，然后于是年 11 月 5 日自洛阳抵达陕西省城西安。刘镇华为在自己这副武夫兼政客的脸上沾点“文气”，于是乎亦附庸风雅，对康之到来组织了一个盛大的欢迎会。康有为旅陕前后共两个月，为各界讲演 10 次，其中直接与佛教有关系的是 11 月 30 日应陕西佛教会邀请的这次讲演，即第九次讲演；讲演之外，康又游赏关中古迹名胜，除来途中游华山、玉泉院、华清池外，又至城中城外诸寺、帝陵等，饱览三秦风光。在讲演、游览中，各界往往请其题词写匾，康有为皆有求必应。按康有为不仅学贯古今，而且也是闻名中外的书法大家。他特别推崇魏碑，重碑胜于帖，在《广艺舟双辑》中说：“魏碑有十美，乘晋宋之末运，兼齐梁之流风，佳书妙制率在其时。”其中又特别称颂《石门铭》，誉之为“飞逸浑穆之家”。他在陕西的多处墨迹，即具有《石门铭》的笔势和神韵，如为省图书题写的“兰台石渠”，为兴善寺题写的“应无所住”和为兴教寺题的“兴教寺”匾便是具有代表性的精品。

11 月 12 日，康有为游览了广仁寺。在康有为讲学、游览的日程表上，这是一个特殊的日子，其他日子，康有为的活动都在两项以上，有时多至四五项，唯 12 日这一天，只游了广仁寺，其他再未安排什么。这似乎在说明，康有为在广仁寺里待的时间很长，在寺内的活动不少，可惜当时未有详细记录，现已不可知悉。唯据记载和传闻说，康有为为广仁寺题了一方匾额，曰“庄严佛土”，现悬挂于西偏殿门上方，其风格亦不出“蘭台石渠”“应无所住”等风格特点。此乃康氏与广仁寺所结之因缘。

康有为之在西安，有一事曾经使舆论哗然，掀起轩然大波，这便是所谓“盗经”事件。综合各种不同说法，事情的原委大概如下：康氏在别人的介绍下，亲自到卧龙寺检阅了寺中所收藏之大藏经，发现其中有宋刻《碛砂藏》海内孤本，实乃稀世珍宝。他于是与寺僧协议（有书面合同），由他带回上海影印流通，然后送新经（即影印经）给卧龙寺收藏。陕人获悉此事，即加拦阻，“盗经”之说于是盛传。康有为最终亦未把经藏运出西安。数年后，始由朱子桥、康寄遥等再次动议，多方增补所缺，并联络上海方面的影印力量，来陕制版，在上海印行流通，完成了一项史无前例的古籍整理、保存、流通的伟大事业。今人对“盗经”之说有相信者，有不相信者，似乎都走了极端。愚见以为：康有为以个人为一方，虽与寺僧有协议（合同），但这个协议并不具有法权效果，以个人之力量将如此珍宝运出西安，万一闪失，经藏被毁或丢失，无疑将铸成大错甚至罪过。很明显，康氏此举是鲁莽的，欠考虑的；康氏兼有古物鉴赏专家之称，既认为此乃孤本宋版碛砂藏，价值连城，但却企图以一影印件与卧龙寺原版相换，这明显是不公平的，再说，影印之后，原件属谁，协议中没规定，康氏此后据为己有亦不能说没有可能，果真如此，这虽与一般意义上的“盗”大有不同，但“巧取”与“占有”之嫌则存。以上属于康氏之“短处”。但应当肯定，是康有为首先发现了此“孤本”并首倡影印，从而为后来使此孤本重见天日、变旧为新、变纯粹之古物为可利用的益教、益世之“法”宝，为把此藏变成完璧及永久之流传，其功非但不可没，而且远大于过。黄忏华先生在撰写《中国佛教近代史》一书时曾谈到西北佛教之复兴，其中又专节叙述宋版碛砂藏之发现与影印流通，给人的印象是此藏是由朱子桥首先“发现”的，影印也是由他“首倡”和完成的，完全埋没了康有为之功。这是有欠公允的。

上海佛学书局印行的《影尘回忆录》第十八章《西安大兴善寺办学经过》也详细记录了《碛砂藏》制成玻璃版从西安运往上海印刷出版之事，过程颇为惊险。

◎第二节 法宝、文物

如前所述，广仁寺自康熙四十四年（1705）落成后至辛亥革命及民国数百年间，虽或被军队占用，或被炸药自爆震坏，然文物及像设庄严则仍保存完好，新中国成立后又拨款整修，遂使其成为西安佛寺的首善之区。只是到了“文革”期间，寺中文物始几乎被扫荡无遗。1978年以后开始落实宗教政策，寺中文物之散失者复被找回些许，现存者和新增者计有以下数种：

（一）《御制广仁寺碑》碑文真迹及碑石

《御制广仁寺碑》由康熙皇帝书于其即位四十四年之正月初一日，裱于一有浅色花纹的黄缎上，历大约300年而至于今，已见边沿磨损和少许虫蛀小孔，字迹部分尚完好无损。宣纸幅宽90厘米、长210厘米。总13竖行，其中题目及年月署签各占一行，正文占11行，行36字，楷书，用墨黑中泛蓝，共366字，全文见前面章节。此碑文真迹现存广仁寺内。杨宗仁喇嘛曾为本书作者出示之，上述文字为实录。

广仁寺喇嘛曾将《御制广仁寺碑》刻石竖于山门外，作亭覆之。清末，碑亭被毁，碑石被移竖于明城小北门，字迹已磨损。后又移回寺内。至民国时，复重新写刻。其字形大小、行数、每行字数及铺排均与御制碑真迹同，碑阴刻寺院喇嘛与张云山交涉归还广仁寺之经过情况，也是重要的历史文献。现碑树于新建山门南约50米处，并重新建亭覆之。

（二）寺藏大藏经

如前所述，广仁寺建成之初，康熙皇帝曾赐寺明版新印大藏经一藏，此外还有藏文大藏经《甘珠尔》107包，内容具如前述。“文革”中，《甘珠尔》藏经被抄，毁于造纸厂。汉文大藏经亦被抄，文物部门发现后取回妥善保管。落实宗教政策后已归还寺院。今存于寺内藏经殿，部卷数如前无缺。

（三）十八罗汉照壁

十八罗汉照壁是民国以来的广仁寺南北中轴线最南端的建筑物，起屏蔽门户的作用。照壁总高4米、宽5米、厚0.5米，砖石结构。壁顶用砖叠涩出檐，上方覆瓦，檐下一米处用一尺厚的石砖平行垒砌成行，贯串东西，上面浮雕十八罗汉像。照壁正中饰以浮雕团龙图案。寺中原有照壁因年久失修，“文革”中又遭破坏，难以重新修复。现在的照壁乃是1993年拆除旧照壁在原址上按原式样重建的。

（四）唐代石雕佛莲座

在经堂前的庭院中，供奉着一汉白玉石雕佛座。佛座为圆形莲花座，周围刻出浅浮雕莲瓣。莲瓣分上下两层，上层为仰瓣，下层为覆瓣。文物部门认定，此莲花座为唐代遗物。更有传说说：文成公主出嫁吐蕃赞普时，请走了一尊释迦牟尼佛像，而将莲花座留了下来，唐太宗原本想再供奉另一尊佛像于此，由于绿度母开口说誓，愿代释迦文佛普度长安众生，太宗皇帝于是作罢。后来，这一空置的莲花座被僧俗搬移到了广仁寺保存起来，作为永远纪念文成公主、纪念汉藏民族团结、友好交往的圣物。因此缘故，僧人和善男信女们至今在这一莲花座旁烧香致拜。

（五）清代汉白玉莲花瓮

今寺内二殿前院庭正中，置汉白玉大莲花瓮一口，造型成鼓状，瓮外壁浮雕莲花纹，瓮口径约一米，瓮身高一米多，瓮口略大于缸底。瓮口已有裂文，其余部分完好，瓮口内沿有阴刻铭文，具为：

乾隆壬寅正月祀吉，光禄大夫内大臣将军诚毅、伯伍□泰以莲萼宝瓮供奉大崇圣寺佛前，敬系以铭：亭亭者莲，嶙嶙者石，合宝瓮王□□□实相证，伯宝华擎。我闻如是成就圆明。粤有

□城变现光者，调御在焉。非宾非主，持此供养，稽首普门，如闻默印，可是得因，置在清圹，汪以曰：露大千众生，无有不度。

铭文说明此瓮制造者及年代、作用。按崇圣寺乃隋代之济度尼寺，唐代始称此名。位置在唐长安城内义宁坊。传说玄奘三藏自印度取经回来时曾在此寺内晒经，故又名亮经寺。唐代，往往于寺中为新进士设樱桃宴。明代，改名为崇仁寺。清代乾隆时，陕西巡抚毕沅重修殿宇，并建五百罗汉堂，功毕之后曾树碑记其事。重修后的崇仁寺复称崇圣寺，当时尚有殿宇300余间，此招提之盛，甲于海内。道光以后，又复称崇仁寺，亦称金胜寺或西寺。辛亥革命时，理门公所和军人占用广仁寺，始把供奉于崇圣寺的这口大理石瓮自彼处移来。

（六）“七珍八宝”与“十相自在”

“七珍八宝”是藏传佛教寺院中供奉的供品。所谓“七珍”，指的是金轮、神珠、玉女、主藏臣、白象、绀马、将军。所谓“八宝”，指的是吉祥结、妙莲、宝伞、右旋海螺、金轮、胜利幢、宝瓶、金鱼。今广仁寺的东、西两偏殿，东、西两厢房的门楣上方，各彩绘有九个图案，其中，中间的一个或为白象，或为狮子，白象为普贤菩萨所骑之动物，狮子为文殊菩萨所骑之动物，其余八个图案各殿（厢）排列虽有所不同，但都是“八宝”的内容。这是喇嘛教寺院所独有的画饰，游观者切莫将其等同于一般画饰看待。

在东、西两殿门外廊南北两壁上，各有一组相同的砖雕图案，这就是用藏文叠字组成的“十相自在”图案，是用藏文字母拼写的梵文，另有三个图形。最下面的四个藏文字母顺序表示所依无量宫房基风、火、水、土四轮；倒数第五个字母表示须弥山及无量宫；倒数第六个字母表示诸能依身、语、意本尊；第七个字母标志胸轮诸本尊。最上面的新月、圆点（太阳）及其整体的竖笔形，顺次表示顶轮本尊之身、语、意。最下方的莲花座与上述的日、月、七个字母合而为十，是谓“十相自在”。此砖雕为杨虎城整修寺宇时所刻。

（七）万年灯

广仁寺新建山门后、正殿前置一酥油灯，一次能注油 108 斤，昼夜长明，终岁不熄，故俗称其为万年灯。“文革”中，旧的万年灯已不知去向，覆盖万年灯之八角木制亭子亦被毁。1993 年仿照原灯、原亭重造了新灯新亭。亭高约 3 米，径 1 米半。

（八）六种奇树

钉眼古柏　在寺内三进院院庭中，即经堂前，有两株古柏，高数丈，树身直径在 25 至 30 厘米左右。两树身上布满了类似钉眼的小窝窝，一行一行的，排列有序，绕树身盘旋而上，直至枝干上。不知底里者以为是好事之徒用铁钉扎出来的。其实不然，这些“钉眼”都是柏树在生长中自然形成的，仅现于表皮，并不“伤”及皮下木质。这种生理现象为一般柏树所没有，其成因是什么，至今无人做出科学解释。有一种传说：慈禧太后“庚子西狩”至长安，曾到广仁寺游访，将头钗扎在树上挂衣服，从此后，树身即长满了小“钉眼”，故这两棵树又称“钗眼柏”。此说无非趣谈而已。

菩提树　在广仁寺的六种奇树中，菩提树是一个新成员。这棵菩提树是从印度菩提伽耶引进中国，先在福建省漳州栽种三年作为过渡期，然后于2014年7月17日至18日移运至西安广仁寺，19日上午由住持仁钦扎木苏上师主持法会，奉安于寺内。此后经四年精心、科学的呵护，如今已经枝繁叶茂，生机勃勃。此树已有百年树龄，树身直径58厘米，高16米，是陕西省自印度引种的同类树种树龄最大、树身最高的一棵。

菩提树原名毕钵罗树，因释迦牟尼在伽耶毕钵罗树下金刚坐上习定悟道而改称菩提树。在梵语中，菩提与觉、道同义，故菩提树又称觉树、道树。树旁有寺，名摩诃菩提僧珈蓝，也称大觉寺、大菩提寺，是著名的佛教圣地。中有塔，供奉释迦牟尼佛真身指骨舍利和肉舍利。玄奘大师在印度求法时，曾两度到这里参礼。迦叶菩提树曾几次遭到砍伐，但都死而复生。迦叶菩提树移栽于广仁寺，将会给寺院的法事增加助力。

痒痒树　又称含羞树，就在挂号树旁边。高丈余，树径三寸左右。此树的奇特处在于：用手触摸树身的任何部位，树冠的花和叶都会颤动起来，就像人被别人挠胳肢窝时抖动身体一样。

团结柏　也在二进院院庭中。树身碗口粗细，高二丈左右。此树并非两树一身，也未曾嫁接，但树冠却是两种不同的柏叶组成，一种是针叶柏的针状叶，一种是扁柏叶。原因何在，亦不可得而知。由于两种不同形状的柏叶共存一树，和睦共处，团结共荣，一如兄弟姐妹，故名。这也与康熙敕建本寺，增进民族团结之意相合。

百年紫荆树　在度母殿的门前有两棵百年紫荆树，高丈余，树身直径 20 厘米左右。此树早春时节先于叶开花，花形似蝶，紧贴于树干，给人繁花似锦的感觉。

古丁香树　广仁寺这棵古丁香树属于紫丁香，树身直径 30 厘米左右，花分五瓣，芳香四溢，是我国的名贵花木。

（九）六大匾额

“广仁寺”匾　通体黄色，匾框镂空雕刻翔龙九龙，上方三龙，下方及左右各二龙。中题楷书“广仁寺”三字，左侧作两行署“康熙四十四年十一月初一日”，“仁”字上方为“康熙皇帝御笔之宝”红色印章。现悬挂于山门口。

“慈云西荫”匾　匾体棕红色，康熙御书“慈云西荫”四字为蓝色，边框分两重，外框镂空雕刻花蔓，内框浮雕九龙。此匾为寺院建成后所赐。现悬于千佛殿殿门外上方。

“法相庄严”匾　清光绪二十六年（1980），慈禧西狩，前来广仁寺礼佛，亲题“法相庄严”匾，周框镂空雕刻八龙。

现悬于绿度母殿门外上方。

“庄严佛土”匾　1923年，康有为来西安讲学期间，曾到广仁寺礼佛，亲题“庄严佛土”四字，隶属书，字金色。

“广仁寺”匾　1983年，全国政协副主席、中国佛教协会会长、著名书法家赵朴初前来广仁寺指导工作，私人捐款5万元供修建天王殿，并亲题“广仁寺”匾额。边框周边为彩色团花纹图案。现悬挂在千手观音殿门外上方。

“永照法轮”匾　中国佛教协会副会长、北京雍和宫住持嘉木样图布丹活佛用藏、蒙古、汉三种文字题于一匾，寓意为“各民族团结和睦”（此匾悬挂在绿度母殿）。

（十）楠木宫灯

慈禧太后西狩到广仁寺礼佛时，在题匾的同时，还赠送一对楠木宫灯和一张楠木龙床。“文革”中，龙床丢失，宫灯则完好保存至今。此宫灯用一整块楠木镂空雕刻而成。穹庐顶，四角出檐做龙状，悬挂流苏，灯体如八角花瓶，上下收缩，各面施丹青彩画，灯底亦挂流苏。整体造型灵巧，美观，有气度，称其为一宝，实至名归。

（十一）二十一度母织像

二十一度母织像，西藏地方制品。清康熙朝，西藏上层喇嘛欲以此像供奉清廷，路经西安广仁寺，不知何因，未带往北京，遂为广仁寺所有，但从未张挂过。1956年，陕西省佛教协会成立，其所在地大兴善寺空无一物，广仁寺遂以二十一度母织像相赠，共22幅。大幅织像。宽2米，高4米，完好无损。小幅织像21（缺一）幅，已破损。因织像乃珍品，当时即请人装裱，终成完品。今仍藏于大兴善寺内。

度母者，将此岸众生度往极乐世界彼岸之母也。到彼岸者，即成佛也。故知度母即佛母。《大方便佛报恩经》说："佛以法为师，佛从法生，法是佛母。"《大品般若经》说，"是般若波罗蜜生出诸佛"，故"般若波罗蜜是诸佛母"。般若即智慧，波罗蜜即到彼岸。故般若波罗蜜即帮助众生认识"真如实相"而终至涅槃（成佛）的智慧。由是知，通常所说的"佛母"，不是指人，而是指一种特定的"理性"。这种理性能帮人去染成净，最后证得真如佛性。在藏传佛教（喇嘛教）中，"度母"又称"圣救度佛母"。汉传佛教则称为"多罗观音"或"圣多罗菩萨"，故藏传佛教的度母一般是指观音菩萨，或者说是指观音菩萨的化身。二十一度母的名称分别是：绿救度佛母、救灾难度母、救地灾度母、救火灾度母、救风灾度母、救水灾度母、增福慧度母、救天灾度母、救兵灾度母、救狱难度母、救盗难度母、救威权度母、救魔难度母、救畜难度母、救兽难度母、救毒难度母、伏魔度母、药王度母、长寿度母、宝源度母、如意度母。这二十一度母是观音菩萨因未能度尽苦难众生而忧愁至于流泪，积泪而成莲花，由莲花而变现不同身色的度母。二十一度母的神力、作用，顾其名而便能思其义。此二十一度母织像理应物归原主。

（十二）绿度母传说

绿度母是观音菩萨最先变现出来的化身，故居二十一度母之先，法力自然也最多、最威猛，能救八种苦难，因而最受人尊奉。绿度母原来的形象是全身绿色，面目端庄慈祥，头戴五佛宝冠，披天衣，身挂各色璎珞，半跏坐莲花座，右脚落地，踏莲花。右手置于右膝上，掌心向外，左手置胸前，皆执乌巴拉花。

广仁寺大殿供奉的绿度母像有类于汉地的宝冠金身观音菩萨像。这尊绿度母像颇享盛誉，远在青藏和内蒙古的喇嘛及信徒或许不知西安广仁寺之名，但皆知西安有绿度母佛像，原因据说是这尊绿度母像曾说过话：原来，这尊绿度母像旁还有一尊释迦牟尼佛像，文成公主出嫁吐蕃松赞干布时，将此尊释迦牟尼像请到了吐蕃，唐太宗看见佛位空着，沉吟说，在这里补放什么佛像呢？这时，绿度母说话了："皇上不必供奉其他像了，我来代释迦牟尼佛教化、普度长安的众生吧。"从此，这尊绿度母的声名传遍了赤县神州。所以当青藏蒙古的僧人和信徒到广仁寺礼拜绿度母像时，往往将身上所佩戴的金银珠宝饰品取下供奉之。

（十三）大威德金刚

大威德金刚，又称阎漫德迦威怒王、圣阎漫德迦忿怒王、大威德尊，俗称大威德王，又因其"依教令轮，现作威怒六足金刚，手臂、头各六，坐水牛上。"（《仁王经仪轨》）故又称为六面尊、六足尊。所谓“教令轮身”，即诸佛现作“忿怒明王”相之身。按：佛教诸佛皆各有三种轮身，佛在本居住地的佛体称自性轮身，现菩萨相之身称正法轮身，现明王忿怒相之身称教令轮身。大威德金刚的自性轮身为文殊菩萨，在天地五方中居于西方。是五大明王之一。大威德者，即既具有伏恶之威势，又具有护善功德之谓也。此金刚“忿怒暴怖事，能坏嚧那啰，亦断阎摩(魔)命，忿猛为常业”。故又称降阎摩（魔）尊者。他的造像一般作：面有三目，色如玄云，做极愤怒状，身乘青水牛，持种种器杖，以髑髅为璎珞头冠，虎皮为裙，身体长大，遍身火焰，眼观八方，如狮子迅猛。大威德金刚是藏蜜尊奉的五大本尊之一（其余四大本尊为密集金刚、时轮金刚、欢喜金刚和胜乐金刚）。

本书编写参考书目：

1. 欧阳修等《新唐书》，中华书局 1975 年 2 月第 1 版。
2. 康熙朝修纂《全唐诗》，中华书局 1985 年第 3 次印刷。
3. 脱脱等《宋史》，中华书局 1985 年 6 月第 1 版。
4. 宋濂《元史》，中华书局 1976 年 4 月第 1 版。
5. 张廷玉《明史》，中华书局 1974 年 4 月第 1 版。
6. 赵尔巽《清史稿》，1977 年 8 月第 1 版。
7.《清实录·圣祖实录》。
8.《东华续录》。
9. 王沂暖译《西藏王统记》，商务印书馆 1957 年 10 月上海第 1 次印刷。
10.《西藏研究》编辑部编《西藏图考》，西藏人民出版社 1982 年出版。
11. 布顿《佛教史大宝藏论》，民族出版社 1986 年 3 月第 1 版。
12. 牙含章《达赖喇嘛传》，人民出版社 1984 年 9 月第 1 版。
13. 中科院民研所西藏少数民族历史调查组编《藏族简史》（初稿），1963 年 9 月。
14. 王森《藏传佛教发展史略》，中国社会科学出版社 1987 年 6 月第 1 版。
15. 王辅仁《藏传佛教史》，青海人民出版社 1982 年 7 月第 1 版。
16. 祝启源《唃厮啰——宋代藏族政权》，青海人民出版社 1988 年 8 月第 1 版。
17.《蒙古游牧记》。

18.《西藏地方是中国不可分割的一部分》，西藏人民出版社1986年8月第1版。
19.《九世班禅内地活动及返藏受阻档案选编》，中国藏学出版社1992年8月第1版
20.索南才让（许德存）《西藏密教史》，中国社科出版社1998年11月第1版。
21.吕建福《中国密教史》，中国社科出版社1995年8月第1版。
22.黄春和《佛像鉴赏》，华文出版社1997年1月第1版。
23.丁福保《佛学大辞典》，文物出版社1984年新1版。
24.《晚清宫廷生活见闻》，文史资料出版社1985年3月第3次印刷。
25.马洪林《康有为大传》，辽宁人民出版社1988年7月第1版。
26.《大藏经·佛祖历代通载》。
27.《大藏经·高僧传》。
28.康寄遥《陕西佛寺记略》（油印本）。
29.单演义《康有为在西安》。
30.于凌波《中国近现代佛教人物志》，宗教出版社1995年9月第1版。
31.杨贵明《塔尔寺文化》，青海人民出版社1997年12月第1版。
32.周伟洲主编《西北民族论丛》第十三期吐娜、胡晓兵《复兴广仁寺碑文考释》；第十四期 胡晓兵、扎西才旦《西安广仁寺宗喀巴大师赞匾文摭拾》。

33. 陈家英、王辅仁《蒙藏民族关系史》。
34. 拉仁巴格桑嘉措著《至尊喜饶大师传——圆满妙道之巅》，民族出版社 2010 年 5 月版。
35. 吐娜，潘美玲，巴特尔《巴音郭楞蒙古史——车归土尔扈特和硕特历史文化研究》，中国言实出版社 2014 年 6 月版。
36. 倓虚法师自述《影尘回忆录》，上海佛学书局 1993 年 11 月出版。